本研究获得教育部人文社会科学规划基金项目
"课堂语言学习中的社会行为特征研究（11YJA740092）"资助

王晓燕◎著

A Study of Social Actions in
Language Learning Classrooms

课堂语言学习中的社会行为特征研究

·广州·

版权所有 翻印必究

图书在版编目（CIP）数据

课堂语言学习中的社会行为特征研究/王晓燕著. —广州：中山大学出版社，2014.12
ISBN 978 - 7 - 306 - 05087 - 8

Ⅰ. ①课… Ⅱ. ①王… Ⅲ. ①外语教学—社会行为—研究 Ⅳ. ①H09

中国版本图书馆 CIP 数据核字（2014）第 280250 号

出版人：徐　劲
策划编辑：熊锡源
责任编辑：熊锡源
封面设计：曾　斌
责任校对：刘学谦
责任技编：黄少伟
出版发行：中山大学出版社
电　　话：编辑部 020 - 84111996，84113349，84111997，84110779
　　　　　发行部 020 - 84111998，84111981，84111160
地　　址：广州市新港西路 135 号
邮　　编：510275　　　　传　真：020 - 84036565
网　　址：http://www.zsup.com.cn　E-mail:zdcbs@mail.sysu.edu.cn
印 刷 者：虎彩印艺股份有限公司
规　　格：880mm×1230mm　1/32　7.625 印张　201 千字
版次印次：2014 年 12 月第 1 版　2014 年 12 月第 1 次印刷
定　　价：28.00 元

如发现本书因印装质量影响阅读，请与出版社发行部联系调换

前　　言

富兰克林曾说："Tell me, I may forget; teach me, I may remember; involve me, I will learn."学习者只有自己参与尝试才是真正的学习。因此，应让学习者在真实的语言社区互帮互助，协商启发，共同合作，通过不断试错的过程，构建语言知识，促进认知发展，展示社会身份。

2000年，Swain提出"合作性会话（collaborative dialogue）"的概念，强调情境社会语境中语言使用者之间互帮互助、共同构建知识的特性。继而，许多研究者从社会取向开展了对课堂这一特定社会情境中学习者互动话语模式、特征和功效的系列探究（Cekaite & Aronsson, 2005; Foster & Ohta, 2005; Gutierrez, 2008; McDonough, 2004; Mori, 2004a, b; Zeng & Takatsuka, 2009）。

以社会语言学理念来指导二语习得研究（sociolinguistic approaches to second language acquisition）成为近十几年来国际应用语言学界的新导向（Tarone, 2007）。此研究模式以反映社会语境和外语/二语习得间关系的实证语料为研究依据，以语言社会性视域为理论框架，以社会语境和言语语境对语言使用、选择和发展的影响以及学习者在这种"社会实践"中的"身份展示"和"共同合作"本质为研究对象。

国外学界对语言课堂"合作性会话"学习模式的探究已取得丰硕成果。然而大多研究只强调互助合作模式对语言习得的功效，很少有结合学习者个人素质培养、社会交往技能提升、文化道德知识熏陶等方面来共同探究课堂语言学习中"社会交往"的本质和特征，也很少有基于社会文化和社会认知视域对外语课堂学习者社会行为表现特征及其本质的综合探究。许多研究对影响学习者同伴互助合作的种种因素进行了剖析，却很少有针对这种特定"社会交往"的能力培养策略进行系统而全面的探讨。较之国外相关研究，国内对课堂互动的实证研究大多仍集中在师生互动模式和本质方面，很少有对学习者之间的互动话语特征及其对语言习得和认知发展影响的剖析（梁文霞、朱立霞，2007；徐锦芬、曹忠凯，2010），尤其缺少基于第一手课堂语料的实证探究。

鉴于此，笔者依据多年来相关领域的研究经验和研究结果，于2011年成功申报教育部人文社科规划基金项目"课堂语言学习中的社会行为特征研究"（11YJA740092）。近年来，围绕该项目的研究问题、研究目的、研究内容，借鉴国内外相关领域的最新成果，笔者对我国外语环境下课堂语言学习中学习者的社会行为特征展开了系列研究。研究焦点在于课堂语言学习中同伴互动任务完成中的各种会话特征及其本质，包括互动会话语码转换特征、互动会话修正模式特征、互动会话启发与重铸特征、互动会话言语产出特征、互动会话多重功效特征等。本项目属于实证性研究课题，从认知和社会取向，运用会话分析为研究主导工具，结合定量和定性相结合的研究方法，以我国外语环境下不同水平英语课堂同伴互动任务完成中的第一手语料为研究对象，从微变化和纵向型分析视角对互动话语中的社会行为特征、本质和功效进行了详尽探究，旨在进一步理解学习者在语言实践活动中是如何相互协商、互帮互助，共同创建机会在最近发展区获得语言发展和认知协同的。

《课堂语言学习中的社会行为特征研究》一书基于2011—2014年教育部人文社科规划基金项目"课堂语言学习中的社

会行为特征研究"的最终成果撰写而成。全书共分为八章，以社会文化和社会认知为理论支撑，以外语课堂学习者的"合作性会话"为研究本体，通过对课堂同伴互动任务完成中的录音录像语料的会话分析，辅以问卷调查、个别访谈的定性分析和相关的定量分析，从互动会话语码转换特征、互动会话修正模式特征、互动会话言语产出特征等方面，详尽探讨语言课堂学习者的社会行为表现形式、社会行为本质特征和社会行为多重功效等，深入研究语言学习者社会语言能力、社会互动能力、社会认知能力的发展路径以及影响社会行为特征的各种语言和社会文化因素。

研究结果发现，课堂语言学习中的合作性会话投射出不同的认知和社会特征，对这些特征及其本质的剖析有助于我们从微观层面进一步认识语言学习过程的本质，以更好地促进学习者语言能力、互动交往能力和社会认知能力的共同发展。具体研究结果如下：

学习者在完成较简单互动任务时，语码转换频率明显低于较为复杂的互动任务；完成较复杂任务时，虽然语码转换频率增高，但它有助于学习者言语产出量增大、互动交往能力增强以及认知能力的提高。学习者的语码转换既具有语言习得功能、话题管理功能，也具有互动沟通功能。课堂同伴互动任务完成中常呈现四种会话修正模式，其中自启自补修正偏好趋势明显；但他人启发修正也明显存在于每组每次互动会话中，且随着互动实践的展开其频率逐渐提升。同伴会话修正不仅有助于语法掌握、词汇习得，同时也有利于知识共建、认知发展和轻松愉快的语言实践社区的创建。基于五种互动协商启发，学习者互动会话言语产出常呈现修正输出和非修正输出两种类型；其中，非修正输出又可表现为重复失误源、重复启发、修正失败、转移话题、表达困难等。互动言语产出有助于知识共建和认知协同；互动产出中的同伴重铸反馈有利于认知回顾机会的获得、友好和谐话语环境的构建。同伴互动产出常导致四种互动模式："合作型"、"专家—专家型"、"控制—控制型"、"专家—新手型"，不同互动模式在语言实践中具有不同功效。

  基于课堂语言学习中的社会行为特征，我们对其本质及其影响因素进一步剖析，以揭示其在语言习得和认知发展历程中的作用，并由此提出怎样提高学习者社会认知能力和社会互动能力的相关教学策略。我们深信，社会行为特征研究的视角和研究的成果会给教学带来一定的启发，研究和教学是相辅相成的，即便不做研究，了解一些相关理念也有助于反观自身，拓宽教学思路。

  我们真诚希望我们的浅陋之作能抛砖引玉，以期更多学者来从事我国外语环境下课堂话语实证探究，重视学习者在语言习得和认知发展历程中的社会行为本质，以更好地促进我国外语教学改革顺利而有效的进行。

  最后，由衷感谢教育部人文社会科学研究规划基金对本课题开展的资助，感谢湖南工业大学及其外国语学院领导同事的热心支持和帮助。特别感谢我的博士导师——山东大学外国语学院院长王俊菊教授在本研究开展过程中提出的各条宝贵意见。非常感谢湖南工业大学外国语学院2010级1、2班全体同学，外国语学院2011级同学以及研究生武宜金、赵雄立、邓茜之、唐奇、罗琪、毕贵显、王沛洁等同学在本研究语料收集和转写过程中提供的大力协助。还要感谢研究团队的闫秋燕老师、任清英老师、谢静老师、唐红芳老师等，与笔者一起走过三年多的研究历程。同时特别感谢我的好友易朝晖博士及其先生程工博导、周静女士、我的父母和公婆，以及我的先生王小辉和我的儿子王大可，感谢他们在我多年的研究和写作过程中给予我的极大帮助和无私关爱。本书的出版得到中山大学出版社的关心和支持，责任编辑熊锡源老师为书稿编校付出了辛勤劳动，在此一并表示诚挚的谢意。

  由于作者水平有限，书中有不当之处，恳请各位专家学者和同仁批评指正。

王晓燕

湖南工业大学外国语学院

2014年8月

目　录

第 1 章　绪论：语言学习过程中社会行为特征研究的意义 ………………………………………………… 1
　1.1　本研究的必要性 ………………………………… 1
　1.2　本研究的目的 …………………………………… 4
　1.3　本研究的内容及特点 …………………………… 5
　　1.3.1　研究内容 ………………………………… 5
　　1.3.2　研究特点 ………………………………… 6
　1.4　本研究的价值及意义 …………………………… 8
　　1.4.1　研究价值 ………………………………… 8
　　1.4.2　研究意义 ………………………………… 9
　1.5　本书的结构 ……………………………………… 10

第 2 章　社会行为特征研究的理论基础 ………… 12
　2.1　引言 ……………………………………………… 12
　2.2　语言社会性视域下的二语习得理论 …………… 13
　　2.2.1　社会文化理论及其启示 ………………… 13
　　2.2.2　社会认知理论及其启示 ………………… 15
　2.3　二语习得会话分析理论 ………………………… 19
　　2.3.1　会话分析基本概念 ……………………… 19
　　2.3.2　会话分析基本原则 ……………………… 21

2.4 小结 ································· 25

第3章 社会行为特征研究的文献回顾 ············ 27
  3.1 引言 ································· 27
  3.2 文献回顾背景 ························· 28
  3.3 文献回顾方法 ························· 29
  3.4 结果与分析 ··························· 30
    3.4.1 研究基本概况 ····················· 31
    3.4.2 研究概念主题 ····················· 34
  3.5 讨论 ································· 39
    3.5.1 研究取向 ························· 39
    3.5.2 研究方法 ························· 41
    3.5.3 研究内容 ························· 43
    3.5.4 研究中存在的不足 ················· 48
  3.6 小结 ································· 51

第4章 社会行为特征研究的语料与方法 ·········· 53
  4.1 引言 ································· 53
  4.2 研究问题 ····························· 53
  4.3 研究思路 ····························· 55
  4.4 语料收集背景 ························· 56
  4.5 语料收集程序 ························· 58
    4.5.1 完成互动任务 ····················· 58
    4.5.2 分配问卷调查 ····················· 63
    4.5.3 实施个别访谈 ····················· 63
  4.6 语料分析模式 ························· 64
    4.6.1 互动语料的处理 ··················· 64
    4.6.2 问卷回应和访谈回馈的分析 ········· 66

4.7 小结⋯⋯⋯⋯⋯⋯⋯⋯⋯⋯⋯⋯⋯⋯⋯⋯⋯⋯ 67

第5章 结果与讨论：互动会话语码转换特征 ⋯⋯⋯⋯⋯ 68
5.1 引言⋯⋯⋯⋯⋯⋯⋯⋯⋯⋯⋯⋯⋯⋯⋯⋯⋯⋯ 68
5.2 语码转换研究回顾⋯⋯⋯⋯⋯⋯⋯⋯⋯⋯⋯⋯ 68
5.3 研究内容⋯⋯⋯⋯⋯⋯⋯⋯⋯⋯⋯⋯⋯⋯⋯⋯ 70
 5.3.1 研究问题 ⋯⋯⋯⋯⋯⋯⋯⋯⋯⋯⋯⋯ 71
 5.3.2 研究对象 ⋯⋯⋯⋯⋯⋯⋯⋯⋯⋯⋯⋯ 71
 5.3.3 研究语料 ⋯⋯⋯⋯⋯⋯⋯⋯⋯⋯⋯⋯ 72
 5.3.4 语料分析 ⋯⋯⋯⋯⋯⋯⋯⋯⋯⋯⋯⋯ 72
5.4 研究结果与讨论⋯⋯⋯⋯⋯⋯⋯⋯⋯⋯⋯⋯⋯ 73
 5.4.1 不同类型任务中语码转换频率及特征
  ⋯⋯⋯⋯⋯⋯⋯⋯⋯⋯⋯⋯⋯⋯⋯⋯⋯ 73
 5.4.2 互动能力发展中语码转换频率及特征
  ⋯⋯⋯⋯⋯⋯⋯⋯⋯⋯⋯⋯⋯⋯⋯⋯⋯ 75
 5.4.3 各类型互动任务语码转换的功能特征
  ⋯⋯⋯⋯⋯⋯⋯⋯⋯⋯⋯⋯⋯⋯⋯⋯⋯ 76
5.5 小结⋯⋯⋯⋯⋯⋯⋯⋯⋯⋯⋯⋯⋯⋯⋯⋯⋯⋯ 91

第6章 结果与讨论：互动会话修正模式特征 ⋯⋯⋯⋯⋯ 92
6.1 引言⋯⋯⋯⋯⋯⋯⋯⋯⋯⋯⋯⋯⋯⋯⋯⋯⋯⋯ 92
6.2 会话修正模式特征研究⋯⋯⋯⋯⋯⋯⋯⋯⋯⋯ 93
 6.2.1 研究背景 ⋯⋯⋯⋯⋯⋯⋯⋯⋯⋯⋯⋯ 93
 6.2.2 研究设计 ⋯⋯⋯⋯⋯⋯⋯⋯⋯⋯⋯⋯ 96
 6.2.3 研究结果与分析 ⋯⋯⋯⋯⋯⋯⋯⋯⋯ 97
 6.2.4 讨论 ⋯⋯⋯⋯⋯⋯⋯⋯⋯⋯⋯⋯⋯⋯ 102
6.3 会话他启修正特征研究⋯⋯⋯⋯⋯⋯⋯⋯⋯ 109
 6.3.1 研究概况 ⋯⋯⋯⋯⋯⋯⋯⋯⋯⋯⋯⋯ 109

6.3.2　研究设计 …………………………………… 111
　　6.3.3　调查结果 …………………………………… 114
　　6.3.4　分析与讨论 ………………………………… 117
6.4　小结 ……………………………………………………… 125

第 7 章　结果与讨论：互动会话言语产出特征 ………… 127
7.1　引言 ……………………………………………………… 127
7.2　研究要领 ………………………………………………… 127
　　7.2.1　研究背景 …………………………………… 128
　　7.2.2　研究问题 …………………………………… 129
　　7.2.3　研究设计 …………………………………… 129
7.3　研究结果：互动言语产出特征 ………………………… 131
　　7.3.1　不同互动任务中产出频率特征 …………… 131
　　7.3.2　不同协商类型中产出频率特征 …………… 134
7.4　讨论：互动言语产出特征在语言实践中的体现
　　　………………………………………………………… 138
　　7.4.1　知识共建和认知协同 ……………………… 138
　　7.4.2　重铸反馈与言语产出 ……………………… 144
　　7.4.3　互动产出模式及其影响 …………………… 147
7.5　小结 ……………………………………………………… 156

第 8 章　结论：社会行为特征研究的启示与局限 ……… 158
8.1　引言 ……………………………………………………… 158
8.2　社会行为特征研究的主要发现 ………………………… 158
　　8.2.1　语码转换特征研究结果 …………………… 159
　　8.2.2　会话修正特征研究结果 …………………… 160
　　8.2.3　互动产出特征研究结果 …………………… 162
8.3　课堂语言学习中的社会行为特征本质 ………………… 163

        8.3.1 共同构建话语身份 ………………………… 163
        8.3.2 共同参与认知思维活动 …………………… 166
        8.3.3 共创互文本和社会文化联系 ……………… 170
    8.4 社会行为特征研究的教学实践启示 ……………… 173
        8.4.1 重视学习者社会行为的本质 ……………… 174
        8.4.2 提高学习者对社会行为的认知 …………… 175
        8.4.3 加强对学习者互动策略的培训 …………… 176
        8.4.4 改善学习者互动设计的质量 ……………… 178
    8.5 本研究的局限性 …………………………………… 179
        8.5.1 研究样本缺乏普遍性 ……………………… 179
        8.5.2 多角验证方法有待完善 …………………… 180
    8.6 对未来研究的建议 ………………………………… 180
        8.6.1 可研究的课题 ……………………………… 181
        8.6.2 可探讨的具体问题 ………………………… 182
    8.7 小结 ………………………………………………… 182

附录 ………………………………………………………… 184
    附录1 本研究语料转写的符号规则 ………………… 184
    附录2 课堂语言学习中的互动任务 ………………… 185
    附录3 问卷调查设计 ………………………………… 194
    附录4 个别访谈问题 ………………………………… 197

参考文献 …………………………………………………… 198

第 1 章 绪论:语言学习过程中社会行为特征研究的意义

第 1 章围绕课堂语言学习中社会行为特征研究的意义,从四个方面展开探讨:研究的必要性、研究的目的、研究的内容及特点、研究的价值及意义。最后,对全书的基本结构进行简介。

1.1 本研究的必要性

"课堂语言学习中的社会行为特征研究"课题从课堂语言学习中的学习者之间的"合作性会话"视角展开。2000 年,Swain 提出"合作性会话(collaborative dialogue)"概念,强调情境社会语境中语言使用者之间互帮互助、共同构建知识的特性。继而,许多研究者从社会取向开展了对课堂语言学习中的"社会行为"探究。他们认为,语言课堂就是社会实践社区(social community of practice),语言学习和使用从本质上来说就是社会事件(social events)、社会行为(social actions)。语言学习者在社会实践活动中相互协商、共同合作,以实现身份展示、知识共建,从而在最近发展区(zone of proximal development)获得语言发展(Cekaite & Aronsson, 2005;Foster & Ohta, 2005;Gutierrez, 2008;Hellermann, 2006, 2007, 2008, 2009;McDonough, 2004, 2006;Park, 2014;Tomita & Spada, 2013;Zeng & Takatsuka, 2009)。

以社会语言学理念来指导二语习得研究（sociolinguistic approaches to second language acquisition or SLA）成为近十几年来国际应用语言学界的新导向（Tarone，2007）。此研究模式以反映社会语境和外语/二语习得间关系的实证语料为研究依据，以社会文化和社会认知为理论框架，以社会语境和言语语境对语言使用、选择和发展的影响以及学习者在这种"社会实践"中的"身份展示"和"共同合作"本质为研究对象。社会文化理论（sociocultural theory）认为，语言学习发生在社会和文化语境之中，语言发展是一种自然发生的社会建构过程，首先在人与人之间（interpersonal）进行，然后在个体内部（individual）进行，既是一种认知活动，又是一种社会活动（Foster & Ohta，2005）。社会认知理论（sociocognitive theory）则强调，语言学习是在个人认知与社会的、物质的世界相互作用中进行的，它明确地反对将认知与社会、个体内部与人际之间对立而谈，认为个体认知活动是在社会中人与人的交往中进行和发生作用的（Churchill，Nishino，Okada & Atkinson，2010）。

近年来，随着以教师为中心到以学生为中心课堂教学理念的转变，关于课堂话语的研究正随着这种趋势转向到更多地对学生之间互动价值做定量和定性探究（Mori，2004）。二语习得互动假设认为，互动过程通过各种任务的完成，如意义协商、反馈提供、输出修饰等促进二语的发展（Mackey，2007）。对学习者同伴互动中与语言有关段落的分析可展示学习者共同解决语言问题、获得语言知识的过程。研究者从不同视角，如会话分析（Hellermann，2008）、生态学（Iddings & Jang，2008）、计算机辅助教学（McDonough & Sunitham，2009；Sauro & Smith，2010）、儿童语言发展（Cekaite，2007）等展开了对学习者之间合作会话的探究。大量研究发现，生生合作互动不同于课堂上由教师占主导地位的师生互动。生生合作能产生更多的会话机会（Harmer，2001），能创造平等、自由的语言环境，能培养学生合作完成任务的意识（Martin-beltran，2010），能刺激学习者的独立性（Zhao & Bitchener，2007）；生生互动中没有控制与被控制关系，会话双方都有管理话语、决定话题的责任（Suzuki，2008）。通过话语调节，会话双方力求适应对方需求，相互协商，以完成共同任务，获得目标语知识（Gutierre，2008；Hellermnn，2006，2007，2008，2009；Tsui，2001）。

国外学界对课堂语言学习中生生合作学习模式的探究已取得丰硕成果。然而大多研究只强调互助合作模式对语言习得的功效，很少有结合学习者个人素质培养、社会交往技能提升、文化道德知识熏陶等方面来共同探究课堂语言学习中"社会交往"的本质和特征。许多研究已对学习者同伴互助合作的种种因素进行了剖析，却很少对这种特定"社会交往"的能力培养策略进行系统而全面的探究。更令人遗憾的是，国外相关研究很少有立足于我国外语课堂背景、针对我国外语学习者的分析。

较之国外相关研究，国内对课堂互动的实证研究大多仍集中在师生互动模式和本质方面，很少有对学习者生生互助合作的探究（梁文霞、朱立霞，2007；徐锦芬、曹忠凯，2010）。近年来，虽有学者开始关注此话题，如邓秀娥、郑新民（2008）对大学英语课堂小组活动的有效性分析，邓鹂鸣、岑粤（2010）的同伴互评反馈机制对二语写作能力发展的研究，张萱（2010）的不同外语水平大学生互动任务完成影响因素分析，等等，都不同程度地肯定了生生合作模式对我国外语学习者语言发展的功效，但对符合我国现阶段国情的外语课堂生生互动模式特征、互动合作影响因素、互动交往能力培养的关注和研究还远远不够。可以说，国内对"课堂语言学习中的社会行为特征"的研究基本上处于片段式、断面式研究的初始阶段，从实证研究到理论提升方面都与国外相关研究存在较大差距。

鉴于此，基于我国外语环境下集中探究语言学习者社会行为特征、各影响因素及其功效极为重要。

1.2 本研究的目的

根据本研究的必要性，"课堂语言学习中的社会行为特征研究"将以社会文化和社会认知为理论支撑，以外语课堂学习者的"合作性会话"为研究本体，从课堂语言学习者同伴会话互动过程中的语码转换特征、会话修正特征、会话产出特征等方面，系统探究语言课堂学习者之间的同伴互动模式、互动特征和互动功效，深入研究同伴互助合作模式对外语学习的本质，研究影响同伴互助合作模式的各种语言和社会文化因素，探索课堂语言学习中的"社会交往"能力培养策略，在此基础上构建新的语言学习模式，促进学习者语言能力和社会交往能力的共同提高。具体研究目的包括以下四方面：

（1）调查外语课堂学习者社会行为特征，包括互动语码转换特征、互动会话修正特征、互动言语产出特征等。

（2）探讨语言学习者协商互助对语言学习的功效，即语言学习过程中互动模式特征对语言学习的功效体现及其发展趋势。

（3）剖析影响课堂语言学习者同伴互助合作的各种因素，包括语言学习者个体认知因素、社会文化因素、学习环境因素等。

（4）研究课堂语言学习中的社会交往能力培养的各种策

略，以全面促进语言学习者语言能力和社会认知能力的发展。

1.3 本研究的内容及特点

本课题以社会文化和社会认知为指导，结合定量和定性的研究方法，运用会话分析技巧进行语料收集和分析，对课堂语言学习中的社会行为特征进行全方位、多层面的研究，从宏观和微观的角度探讨语言学习中的社会文化属性和语言学习者的互动合作模式，剖析影响语言课堂学习者互动交往行为的各种语言和社会因素，探索促进语言课堂学习者同伴互助合作能力提升的策略，在此基础上构建新的课堂学习模式和社会文化素质培养框架。

1.3.1 研究内容

（1）利用录音录像和现场笔记等方法对不同层次、不同水平的外语课堂学习者同伴互动学习模式的语料进行跟踪收集，以用于考察和验证学习者在完成课堂互动任务时的参与程度、互动模式、互动效果等。

（2）利用会话分析框架对所收集的课堂语料进行转写和编码，旨在对语料中的语言行为和非语言行为进行详尽的会话分析，以分析"与语言有关段落"或"以形式为焦点段落"来展示学习者的互帮互助，共同解决语言问题，共同构建语言知识的微变化历程，并以此发现学习者同伴互动模式、互助合作的语言特性，及其对语言发展和社会行为的各种功效。

（3）利用封闭式问卷调查语言学习者对同伴互动模式的认识和影响同伴互助合作的各种因素。同时，该问卷也可用来剖析学习者互动参与时的个人认知心理特征、对同伴和老师的期望效应、对不同互动任务和不同互动形式的适应度等。问卷调查内容见附录3。

（4）利用半开放式问卷进一步研究语言因素和社会文化因素对课堂同伴互动模式的影响。该问卷为半开放式问卷，涉及学生的个人信息、家庭背景、教育背景、目的语文化评价、教育理念的形成原因等内容，用于考量语言学习者的"社会行为"特征，以及个人认知心理和社会环境对行为特征的影响因素。

（5）利用半结构式访谈探究课堂语言学习中的社会交往能力提升策略。访谈是为了更深入地了解语言学习的社会属性、特定社会实践中学习者的互动模式特征以及社会交往能力培养策略。被访谈人的选择将考虑其不同的语言水平、年龄、性别等要素。每次访谈时间大约在20～30分钟，在访谈者和被访谈者之间单独进行。访谈将被录音以用于日后的定性分析。个别访谈问题见附录4。

（6）运用"多角验证"的数据收集和分析思路构建学习者的同伴互动模式。Storch早在2002年就通过定量与定性相结合的实证研究确定了四种基本同伴互动模式及其与语言能力发展的关系。但目前很少有研究关注我国特定外语环境下语言学习者互动模式特征及其对语言习得和认知发展的影响。因此，如何突破前人研究的局限性，在国内的教育背景下，构建出符合我国国情的课堂语言学习者互动模式，这无疑具有重大的理论和实际意义，但同时也具有一定的挑战性。

1.3.2 研究特点

第一，研究视角的突破。本研究从社会取向，首次将社会文化和社会认知理论运用到国内外语课堂实证研究中，并在此基础上提出具备明晰性、可理解性同时又具有一定普遍意义的语言学习者同伴互动学习模式，这将能够丰富课堂实证研究以及语言习得研究的理论基础，有助于填补国内学术空白。

第二，研究语料的真实。基于第一手课堂真实语料对我国不同英语水平学习者同伴合作性会话模式特征、话语特征及其对语言实践的影响进行了全面的调查和分析，同时对提高语言学习者在课堂语言实践社区中的社会语言能力、社会互动能力和社会语用能力的策略进行了剖析和探讨。而目前有关我国外语环境下课堂同伴会话实证探究较少，仅有的研究也大多仅针对单次实验、测试或语料库语料分析，鲜见基于真实课堂第一手语料的分析。

第三，研究理论的新颖。本研究顺应以语言学理论知识来指导二语习得研究的最新理念，旨在以语言研究中的社会性理念，即社会文化理论、社会认知理论对研究语料进行剖析，从社会心理互动与语言习得关系以及语言与文化和社会行为的关系着手探究二语习得历程的本质，从一个全新的角度去审视二语习得的社会环境，以更好地促进二语习得历程的发展。

第四，研究内容的全面。目前，在国内关于课堂语言学习中的同伴会话实证探究甚少，有限的研究也仅局限于一次性语料的话语特征、策略特征的分析和讨论。而本书对课堂语言学习者同伴合作性会话研究则从以下的几个角度、层面展开：

（1）不仅对英语专业的较高英语水平学习者，而且对非英语专业较低水平英语学习者的同伴互动会话模式特征及其对语言实践的影响进行了定量和定性分析。

（2）不仅对课堂语言学习者同伴会话模式特征进行了调查和分析，而且对会话中的语码转换特征、会话修正特征、会话产出特征进行了剖析和探讨。

（3）不仅对同伴会话中的各特征进行了分析和讨论，而且对会话特征影响因素以及促进会话互动能力提高的策略进行了尝试性的探究。

无疑，对以上各问题的探讨在一定程度上弥补了我国语言习得研究领域某些方面的空白。

1.4 本研究的价值及意义

本研究以社会认知和社会文化为理论框架，以不同层次、不同类型学生为研究对象，采用二语习得会话分析原则兼以定量和定性研究方法，从纵向型会话分析视角，深入分析语言课堂这种特定"社会实践社区（social community of practice）"的各种社会文化特征、在这种特定社会文化背景中语言学习者社会行为模式以及这种模式所揭示的语言学习发展的本质。本研究还将系统研究影响"社会实践社区"中学习者社会行为模式的各种语言和社会文化因素，全面探究课堂语言学习中社会交往能力培养的各种策略，以构建新的课堂语言学习模式，同时推动外语教育和素质教育的共同发展。

本研究的价值主要从理论贡献和应用价值两方面体现。

1.4.1 研究价值

本研究最大的理论贡献表现在：从社会取向，结合社会文化和社会认知理论探究课堂语言学习和教学模式，为语言课堂实证领域的进一步研究提供厚实的理论基础；将会话分析技巧用于语言习得研究，为该领域的探究提供全新的研究视角和研究工具；将外语教育和社会文化素质教育综合运用到外语教学研究中，为该领域的进一步探究提供更全面的指导思想。

本研究的实际应用价值将集中表现如下：课题的突破性进展将有助于我们树立正确的外语教学指导思想，全面认识语言学习中的社会文化属性和学习者同伴互动的客观规律，并将有助于我们进一步端正教书育人理念，寓语言习得的发展于社会交往技能的培养之中，从而更好地满足社会发展对外语人才多元化的需求，有助于国际化、高素质的创新型人才培养战略的实施。同时，该课题的研究成果能为大纲调整、教材编写、教学方法改革等方面提供有力的实证数据支撑，保证外语教学改革的顺利实施，并帮助学生充分认识互助合作外语学习模式的特点和优势，以更好地提高外语学习的效果和与人相处的技能。

1.4.2 研究意义

本课题将顺应国际上对"学"的研究趋势，参考国外对语言课堂学习者话语行为特点的研究成果，在国内学界对课堂互动实证研究的基础上，从学习者"合作性会话"视角，深入探讨符合我国现阶段国情的外语课堂语言学习的社会行为特征，在以下方面有所突破：

（1）研究视角的突破。本课题从社会取向，首次将社会文化和社会认知理论运用到国内外语课堂实证研究中，并在此基础上提出具备明晰性、可理解性同时又具有一定普遍意义的语言学习者同伴互动学习模式，这将能够丰富课堂实证研究以及语言习得研究的理论基础，有助于填补国内学术空白。

（2）研究方法的创新。本课题将以语言课堂中学习者互动实际语料为研究依据，从微变化研究视角，利用会话分析技巧展开对课堂语言学习中社会行为的规律和特征进行详尽的分析。同时结合定量和定性研究方法，通过"多角验证"，达到强化研究方法的信度和效度的目的，得出更具普遍意义的研究结论，由此克服前人研究的"片断性"、"断面性"等局限性，丰富和完善"语言学习者互助合作"的研究范畴和研究方法。

（3）实用价值的开发。本课题从研究"学生"入手，为不断改进语言习得和语言教学提供理论和实证依据，有助于在此基础上提出更加科学的、符合我国现阶段国情的外语教学和学习模式。同时，本课题首次将语言习得探究与学习者人文素质培养并举研究，认为，同伴互助合作模式不仅有助于学习者语言技能的发展，也将有助于学习者互帮互助、共同合作的社会交往能力的提升。因此，本课题所揭示的课堂语言学习中的社会行为特征可作为教学大纲设计和教材编写的依据之一，从而最大限度地促进课堂教学，提高外语教育和素质教育的共同发展。

1.5　本书的结构

全书共分五部分：绪论、研究背景、研究方法、研究结果与讨论、结论。

第1部分即第1章"绪论"，讨论语言学习过程中社会行为特征研究的意义。此章从研究的必要性、研究的目的、研究的内容及特点、研究的价值和意义等方面对整个研究进行扼要的介绍。

第2部分为研究背景，由第2章"社会行为特征研究的理论基础"和第3章"社会行为特征研究的文献回顾"构成，此部分对其他章节起到一个统领的作用。

第2章基于文献回顾，围绕语言社会性视域下的二语习得理论和二语习得会话分析理论等内容展开，旨在为本书研究提供理论上的指导和方法上的借鉴。

第3章从研究基本概况、研究概念主题、研究取向、研究方法、研究内容、研究不足等方面就学界近二十多年来在语言学习者社会行为特征研究方面进行综合回顾和评价，以探寻研究动机，发现研究视角。

第3部分由第4章"社会行为特征研究的语料与方法"构成，此部分对课堂语言学习中社会行为特征的语料收集背景、参与者、三种语料来源、语料收集程序、语料分析具体方法等一一进行介绍，为研究结果的科学性提供有力保证。

第 4 部分"研究结果与讨论"为全文的核心部分，通过对课堂语言学习中的社会行为特征，即互动会话语码转换特征、互动会话修正模式特征、互动会话言语产出特征等角度，深入剖析语言学习者社会行为特征对语言学习和认知发展的影响，由第 5—7 章构成。

第 5 章"互动会话语码转换特征"基于会话分析研究框架，对外语课堂上同伴互动中的语码转换现象进行调查和分析。此章重点研究语码转换在完成不同类型口语交际任务中的频率特征，语码转换在口语互动中的目的与功能，以及任务类型、任务难度与语码转换出现频率的关系，旨在从学习者语码转换特征视角追踪语言学习中的社会行为特征。

第 6 章"互动会话修正模式特征"则通过对外语环境下语言学习者同伴会话中的修正模式特征和他启修正特征、特征成因以及各特征对语言实践的影响来剖析学习者会话修正语篇中的社会行为特征及其影响因素。

第 7 章"互动会话言语产出特征"通过对课堂同伴互动言语产出特征的探讨，发现互动言语产出规律及其发展路径，探究我国外语环境下同伴互动模式及其对语言实践的不同影响。

第 5 部分由第 8 章"结论：社会行为特征研究的启示与局限"组成。该章先对课堂语言学习中的社会行为特征研究的主要发现进行全面的总结概括，继而针对二语习得历程中的社会行为特征本质及其对语言习得和教学实践的启示进行了探讨，最后从研究样本的普遍性以及方法的优化等方面讨论了本研究的不足，同时从可研究的课题和可探讨的具体问题两方面对未来研究提出建议。

第 2 章　社会行为特征研究的理论基础

2.1　引　言

　　学术话语研究的语言社会性理念体现了将语言系统复归于社会系统的认识观,反映了当下语言习得研究的社会学转向趋势。社会文化理论和社会认知理论均侧重研究学习者如何通过与社会环境的互动来发展语言认知能力,但其理论基础并不完全相同。

　　"会话分析"是社会语言学中用于对日常会话进行分析的一套特别的理论和方法(Hellermann, 2008: 29)。Firth 和 Wagner 在 1997 年首次将会话分析运用于二语习得研究领域(conversation analysis-for-SLA)(Mori & Markee, 2009), 通过对师生互动或生生互动中产生的与语言相关段落(language-related episodes)的分析来剖析课堂互动中的社交组织形式、知识构建模式及语言发展特性。

　　本章从"语言社会性视域下的二语习得理论"和"二语习得会话分析理论"两部分回顾国内外学者对语言社会性理念框架的研究,阐释用于二语习得研究的会话分析原则,为语言学习者社会行为特征实证研究的进行奠定坚实基础。

2.2 语言社会性视域下的二语习得理论

早在 20 世纪 80 年代初期，美国纽约大学教授 Bambi Schieffelin 和南加州大学教授 Elinor Ochs 就共同提出了语言社会化（language socialization）的理论和方法论研究范式（Ochs & Schieffelin, 2001）。30 多年的时间过去了，这一理论的研究领域和影响范围已经扩展到语言研究的不同层面，如双语环境以及机构环境下语言的习得与社会环境的复杂关系（Bayley & Schecter, 2003）、二语习得中语言社会化范式的构建（Watson-Gegeo, 2004）等。

加深对语言社会性理论的认识能更好地指导课堂语言学习中的社会行为特征的研究和探讨。本节从学术话语研究框架下的语言社会性理念，即从社会文化理论和社会认知理论两方面概述社会行为特征研究理论基础。

2.2.1 社会文化理论及其启示

Firth 和 Wagner（1997）批评在二语习得研究过程中过分倚重认知因素而忽略社会因素对习得过程的作用。过分倚重认知因素的研究范式造成了二语研究在理论、方法和研究重心等方面的不平衡，过分倚重量化的数字，而缺乏贴近习得者主体性的定性设计，有碍于二语习得的正常发展。语言的社会化是将学习者对语言、文化和社会行为的学习看作是三位一体的连续性过程（杨连瑞，2005）。追寻思想的根源，我们可以找到维特根斯坦的语言社会性理论，哈贝马斯的社会交际行为理论和布鲁纳的社会认知观。

在过去的 20 多年里，社会文化理论（sociocultural theory）已成为备受关注的二语习得理论框架。它着眼于社会心理互动与语言习得之间的关系,把语言、文化和社会知识和理论的学习看作三位一体的连续性过程,反映了当下二语习得研究的社会学转向趋势。

社会文化理论是由苏联心理学家维果茨基(Vygotsky,1978,1986)提出来的,它强调语言发展基于会话互动,是"发生在互动中而不是互动的结果"(Ellis,2009:12),社会文化因素在人类认知功能的发展中发挥着核心的作用。该理论认为,人的心理机能从根本上来说是一个由文化产品、活动和概念充当中介的,并受中介调节的过程(语言是首要的调节手段)。在该理论视域下,人类在社会实践中具有依据原有文化工具创造新的文化工具的能力,并能利用这些文化工具调节他们的生理和行为活动。通过与人和社会环境的互动,人类的认知能力获得发展。期间,语言的使用、选择和构筑是联系各媒介之间的首要手段。社会文化理论促使我们从一个全新的角度去审视二语习得的社会环境。

在Vygotsky看来,语言学习过程就是连接社会语言和心理语言的支架,学习者则是在复杂的社会认知任务中的积极参与者。Vygotsky关于"调节(mediation)""活动(activity theory)""鹰架(scaffolding)"和"最近发展区(the zone of proximal development,ZPD)"等概念的论述形成了社会文化理论的基本内核。其中,"鹰架作用"尤为引起语言习得研究者的关注。Vygotsky认为,通过"鹰架作用",学习者能顺利地完成超越于目前能力范畴的任务。这种"鹰架作用"即一种合作过程,教师和更有能力的学习者在过程中支持和帮助一个没那么有能力的学习者,使其获得语言发展。

在社会文化理论视域中,纠正反馈、互动协商、他启修正、重铸等言语活动都可视为帮助学习者解答语言问题的合作性鹰架行为,而不是单纯的提供答案或元语言信息的行为。这些"鹰架"行为有效促进了学习者"最近发展区"的发展。根据 Vygotsky（1978），学习者的"最近发展区"指的是儿童独立解决问题时的实际水平和教师指导下解决问题时的潜在发展水平之间的距离。"最近发展区"概念的提出，强调了语言的作用在于协同社会互动和更高层次的心理发展之间的关系。在语言学习过程中，学习者获得来自他人或环境的调节，即鹰架式帮助，可以促使学习者完成原本无法独立完成的任务，获得新的知识技能（高瑛，2009）。Ellis 认为，鹰架对第二语言学习具有认知和情感两方面的促进作用。

同时，中介也是社会文化理论的核心概念。Vygotsky（1978）认为，人类思维活动的最高级形式时时处处能以符号的方式进行调节。中介有物质的和精神的形式，是连接人类与物质世界或精神世界活动的一种辅助方式。物质工具促使人类组织和改变他们的物质世界，精神工具能促使人类去组织和控制心灵的一些过程。社会文化理论认为，人类活动以工具和符号为中介，这些符号手段（语言等）是促进知识共同建构的工具；认知的发展是生物因素（内因）和社会文化因素（外因）共同作用的结果（高瑛，2009）。

社会文化理论把知识和学习看作"参与人类活动不断变化的过程"。社会文化理论还提出了语言社会性理念，即语言和文化知识是相互构建的；语言、文化和思想通过互动实践和互动话语相互构建，共同发展。它强调社会文化因素在人类独特的认知功能发展中的核心作用，把语言习得看做是将社会活动和认知过程联系在一起的社会文化现象（Lantolf & Thorne，2006）

2.2.2 社会认知理论及其启示

传统的认知理论注重学习的内部条件，把学习看成是复杂的内部信息加工过程，主张学习的目的是获取新知识，学习的结果是形成反映事物整体联系与关系的认知结构（Davis，1995；陈菊 & 熊宜勤，2007）。传统的认知语言学研究对语言的内部变异和交际变异不够关注，不考虑语言变化的丰富性和复杂性，语言分析或跨语言比较都是在单一语言层面上进行的。这种倾向势必会导致言语社区的同质化和理想化（刘姬，2009）。

在批判认知主义取向的二语习得研究基础上，Atkinson（2002，2007，2010）建构了二语习得的社会认知视角。根据 Atkinson（2002）的观点，"社会认知"这个术语是"社会"和"认知"这两个词的概念综合，社会与外部世界相关，而认知则与内在世界相关。在语言习得的过程中，学习必须诉诸于语言，即认知任务，同时又要做出符合社会文化的回应。

Atkinson 的社会认知视角综合了认知派和社会派的观点，既认同语言的心理属性和自我调节性，同时又视语言为一种社会行为，或是行使社会行为的一种工具。语言的社会属性和心理属性并不截然分开，而是从一开始便交织在一起，相互依存，相互作用，构成一个大社会认知整体的组成部分。连接论（connectionism）是 Atkinson 联系语言和语言习得社会属性与心理属性的纽带，是社会认知视角的重要理论基础。

语言发展就是参与到动态的"思维—行为—环境"连续体（mind-body-world continuum）当中去。Atkinson 引进了协同（alignment）的概念。协同是指人类能动地顺应（dynamic adaptation）千变万化的环境的一种手段，是人类生存的基础，它不仅发生在人与人之间，还发生在人与他所处的社会和物理环境之间。协同构成了 Atkinson 二语习得社会认知视角的核心原则。

社会认知视域下，几个相关命题由 Atkinson（2010：600

-603）提出：

(1) 认知是环境的（cognition is environmental），环境基于认知活动而构建。社会认知认为，认知的发展很大程度上依赖于延伸的环境，环境是认知本身的一部分。

(2) 认知是共享的、分配的（cognition is shared and distributed）。共享认知在人类活动中起到了至关重要的作用。

(3) 认知是适应性的（cognition is adaptive）。认知的主要目的是协助人们适应一个不确定的、新的环境，它是一种首要的、灵活的、在线的适应智能。

认知、理解和行动是整合性的活动。Atkinson 提出了"镜像神经元"的概念来说明这一理念。在这种理念中，"镜像神经元"通过为自己和他人行为的共享核心编码提供证据来说明以行为为取向的理解、创新学习和整合行为（Atkinson，2007）。

具体到二语习得，Atkinson 认为，它的发生遵循同样的原则：能动地与环境相协同。协同在这里包括学习者使用目的语，在大量社会认知工具（sociocognitive affordances）的辅助下，参与到相互合作的互动（coordinated interaction）中。

Atkinson（2002，2010）总结了情境认知的环境性、适应性、共享性和分布性等特性，注重环境对于认知活动的高度建构性，认识到环境具有十分丰富的、支持人类认知的结构。依此，Atkinson 提出了二语习得三大原则，即协同原则、不可分原则和适应性原则。(2010：606－612)

(1) 协同原则（the alignment principle）。协同原则是指人与人、人与环境协调合作交互完成特定的任务，达到特定的目的。二语习得本身是一种协同过程，学习者在他人的指导下学会同他人协同、同环境协同，从而提高自身适应自然环境和社会环境的能力，逐渐提高语言能力，掌握语言知识。

（2）不可分原则（the inseparability principle）。不可分原则指在二语习得过程中人的心理、躯体和外在世界不可分离。人的学习过程即是发现人如何同外在世界协同的过程，而不是从外在世界提取知识的过程。

（3）适应性原则（the learning-is-adaptive principle）。适应性原则是指二语习得有助于学生在复杂的环境下生存与发展。此原则强调二语习得的关联性、体验性、参与性和公共性。既然二语习得是社会行为、习得者就要参与到社会情境中去，同其他二语学习者或使用者交流、从而体验愉悦使用的语境和用法（刘东楼、王祥德，2013），获得二语知识，掌握互动能力。

社会认知主义理论视角提倡新的学习观和教学观，为二语习得研究提供重要的启示。

在学习观方面，社会认知主义理论视角认为学习具有互动性、情境性和社会性。社会情境是学习者认知发展的重要资源，学习者通过互帮互助，分享学习资源，完成学习任务，掌握语言能力和文化意识（张凤娟，刘永兵，2012），同时在与环境的互动会话过程中建构自身的知识结构和身份认同。

在教学观方面，社会认知主义理论视角提倡教与学的平衡，强调高质量的教学活动、教学资源以及和谐健康的教学环境是促进语言等外部文化产物内化的保证。它不仅强调传统的课堂作用，也肯定社会环境大课堂的功能。

2.3 二语习得会话分析理论

在对语言社会性视域下的二语习得相关理论认识的基础上，进一步加深对日益盛行的二语习得会话分析相关理念的认识，能更好地指导课堂语言学习中的社会行为特征的研究和探讨。

基于会话分析基本概念和基本原则的相关文献回顾，本节从民族文化学的相关知识着手，围绕会话分析与语言习得的关系、会话分析用于二语习得研究的特有程序与方法等内容进行。

2.3.1 会话分析基本概念

"民族志会话分析"是社会语言学中用于对日常会话进行分析的一套特别理论和方法（Hellermann，2008：29），来源于20世纪60年代中期的社会学家Sacks和他的同事。这种方法常用来揭示人们通过话语所进行的社会互动中那些被认为难以观察到的方式。"会话分析"强调运用真实的、经过认真转写的、社会实践互动中的录音材料为研究语料，分析单位为会话中的话轮。通过展示会话互动的系列组织，会话分析以一种可说明的方式加深对参与者构建行为方式的理解。

会话分析是对具体情景下的社会生活景象研究，其目的是要细致地审视最普遍的日常活动，因为社会行为是有意义的，更重要的是社会行为具有自然的组织结构，而这些结构则是可以被发掘和研究的（Psathas，1995），比如：会话中话题的组织、话轮的组织、说话人的选择、优先结构、前置系列、会话修正、话题的开始和结束、会话中的人称指示、双关语、笑话、谎话等都是值得关注的现象。

会话分析讨论的是特定的话语在一定的语境中所显示的功能，而言语行为理论则撇开具体的语境，用抽象的规则来解释特定行为得以实现的条件。会话分析虽然关注特定的话语所完成的行为，但更关心一定语境中互动者使用何种方法来实现这种行为，所以虽然他们以行为为落脚点，但是却对会话参与者实现行为的方式方法给予细致的描写，把人们的交谈方式和所完成的行为联系起来进行研究。会话分析须获得或者录制自然交谈的录音或录像而不利用其他类型数据，如访谈、实地观察、试验等。会话分析常用的步骤是：采集不同语境中的自然会话语料，转写录音或录像语料，分析所选择的片段，以及撰写和报告研究结果。

Firth 和 Wagner 在 1997 年首次将会话分析运用于二语习得研究领域（conversation analysis for second language acquisition，即 CA-for-SLA）(Mori & Markee, 2009)，通过对师生互动或生生互动中产生的与语言相关的段落（LREs）的分析来剖析课堂互动中的社交组织形式、知识构建模式及其语言发展特性。

此领域的代表人物有 Ellwood, Foster, Mori, Martin-beltran 和 Hellermann 等。Foster（2005）和 Mori（2004a, b）利用会话分析原理对传统的会话协商进行重新诠释，发现学习者同伴间的会话协商不仅有利于语言习得、话题管理，更有利于培养互帮互助的团队精神。Ellwood（2008）、Mori（2004）、Liebscher（2005）、Martin-beltran（2010）利用会话分析工具，剖析生生同伴互动中语码转换规律、特征及其对语言习得的功效。Suzuki（2008）和 Diab（2010）等从会话分析视角对学习者作文共建时的协作、商讨过程进行探析，以此挖掘学习者语言习得规律特征。Hellermann（2008）则从社会文化理论视域，利用会话分析工具对课堂这一特定社会环境中的学习者互动进行相关探究,视生生互动为"社会行为(socialaction)",并对这种社会行为在语言习得和认知发展历程中的本质进行剖析。

运用会话分析技巧,以外语课堂为背景,以学习者同伴互动为研究本体的的纵向型研究(Hellermann,2006,2007,2008,2009;Morita,2004;Storch,2001,2002,2007)、微变化研究(Gutierrez,2008;Martin-beltran,2010)和个案研究方法(Hellermann,2006;Iddings & Jang,2008;Mori,2004)构成了课堂生生互动实证研究特色。这些研究语料往往来自于研究者自己主持的课堂或研究者坚持参与的课堂真实语料,通过录音、录像、课堂笔记等方法获取。

2.3.2 会话分析基本原则

本节先对二语习得会话分析的四条基本原则进行概述,旨在对"课堂语言学习中的社会行为特征研究"提出具体的会话分析框架。接着,对本研究的会话分析框架进行诠释。

2.3.2.1 会话分析的四条基本原则

在社会文化、社会认知视域中,语言学习者、学习资源、学习环境相互交织,共同构建二语习得环境,完成二语习得历程。这种互动认识论需求一种研究方法来揭示课堂社会实践社区中语言学习的社会行为本质。语言社会性视域下的课堂语言学习中的社会行为特征研究并不旨在通过数据统计调查同伴互动会话各种模式特征,而是通过对课堂同伴互动任务完成中的各种言语现象,如语码转换、会话修正、会话协商等的剖析,来揭示它们是如何解决互动障碍、语言错误并维系互动进行,完成互动任务,从而构建社会身份和社会关系的。更确切地来说,社会行为特征研究关注的是学习者语言学习和社会行为发展的本质。

为了更好地探究课堂语言学习中的各种社会行为特征及其本质，本研究利用二语习得会话分析基本原则来揭示同伴互动任务完成中的各互动细节和环境要素。即本研究在语料收集和语料分析途中均遵循会话分析四个基本原则（Seedhouse，2004）。

"会话分析的第一条原则是秩序观。会话互动中的所有点都是有结构、有组织的，不是杂乱无章的（Seedhouse，2004：4）"。课堂语言学习中，同伴互动任务的完成作为一种社会行为同样具有稳定的、重复出现的结构特征。本研究旨在探究课堂语言学习中社会行为背后的行为模式、组织特征、社会特征以及它们对学习者语言习得、认知发展和社会能力的影响。课堂语言学习中的同伴互动任务在社会文化、社会认知理论框架中依此原则设计而成，包括其具体内容和形式。同时，学习者互动任务完成的程序也根据课堂教学程序和学习者认知发展轨迹安排。

"会话分析的第二条原则是语境观。会话分析认为，人类的言谈应对通常都是发生在具体的语境之下的，是交际者在具体的语境下进行交流的产物，交际发生的时间和地点，以及交际者的性别、身份等都是影响交际者构建自己的话轮和理解对方话轮的重要因素（Seedhouse，2004：4）"。依此原则，在本研究的语料分析中，语料的剖析将与互动语境密切相连，以提示影响学习者言语特征、认知发展和身份构建的各种因素。

"会话分析的第三条原则为语料/细节观（Heritage，1984：241）。在本研究中，我们不热衷于某种语言习得理论的构建和形成，而是致力于围绕具体课堂实践社区语言习得现象开展具体的实证研究"。我们关注课堂语言学习者社会行为的所有细节，因为每个互动细节都有可能包含社会结构方面的重要信息。这就是我们在转写和分析语料的过程中为什么要捕捉尽可能多的细节的原因。研究过程应遵循会话分析原则,如:真实地采集语料→如实而细致地转写语料→详尽地剖析语料,真正领略会话分析以语料为基础的研究风格。

"会话分析的第四条原则为详尽原则(Heritage,1984)"。依此,本研究认为,学习者会话互动中的所有部分都是具有一定功能和目的的。故,我们在研究中可提出四个基本问题:①为什么是现在(Why now?)(Schegloff,2007):学习者课堂互动任务完成中为什么会呈现一定社会行为特征?②如何以及③什么时候(How? and when?)(Marke,2008):学习者是如何以及什么时候实施这些社会行为?④什么(What?):课堂同伴互动会话中具体可呈现什么社会行为特征?

2.3.2.2 本研究的会话分析框架

依据二语习得会话分析四条基本原则,"课堂语言学习中的社会行为特征"研究拟从微变化和纵向分析视角对课堂互动任务完成中学习者同伴互动实践特征、模式、本质以及对语言习得影响进行探究。

本研究的语料采集于真实的不同水平英语学习课堂中的同伴互动会话语料,语料采集形式为录音录像方式。语料采集时,同伴互动形式为二人一组的会话。会话内容为综合英语课上教师依据课本内容所布置的课堂讨论任务,即围绕不同的话题展开的讨论。讨论完结时要求总结汇报或撰写小组意见,作为平时成绩衡量,每次讨论时间约为20分钟。讨论的原始过程要求学生自行利用手机或录音笔进行录制,语料录制期间老师进行场记,每组参与者的表现将作为平时成绩参考项,以确保学生认真完成每次互动任务和互动语料的采集。所采集的语料交由笔者以及研究团队成员进行转写,并进行多次核对,研究语料转写规则源于Hellermann(2008)的课堂会话转写形式。本研究的最终结果源于对语料的分析,语料剖析将遵循详尽而细致原则。

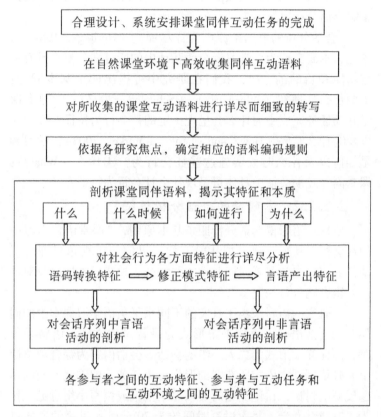

图 2-1 社会行为特征研究的会话分析框架

图 2-1 形象地展示了"课堂语言学习中社会行为特征"研究的会话分析框架。本研究的开展严格遵循二语习得会话分析的基本原则，具体完成步骤为：

合理设计、系统组织互动任务和互动形式 → 高质量地收集真实课堂互动语料 → 详尽而细致地转写所采集的语料 → 根据研究焦点确定编码规则 → 从"什么"、"什么时候"、"如何进行"、"为什么"四方面对各研究焦点进行详尽剖析。语料分析过程既强调对言语行为的剖析，也不忽视对非言语行为的剖析；既重视学习者之间的互动特征，也关注学习者与讨论任务、社会环境之间的互动特征。

总之，本次"课堂语言学习中的社会行为特征"的调查和分析是在社会文化和社会认知理论框架中，运用会话分析工具，结合定量定性方法来完成。其中，会话分析工具的运用旨在详尽地描述和剖析同伴互动会话中的话轮构建、互动模式、话语产出等特征，以揭示互动过程中"启发、协商、修正、产出"等言语行为本质。通过对互动话语的剖析，发现影响语言习得、认知发展、社会行为的各种语言、认知和社会因素。

2.4 小　　结

通过对 Vygotsky（1978）的社会文化理论和 Atkinson（2002，2007，2010）提出的社会认知理论的文献回顾，本研究确定了语言社会性视域下的二语习得研究理论框架。本章首先对社会文化和社会认知理论的基本概念、基本原则及其对二语习得探究的启示进行了逐一的介绍和评注。为了进一步提出本研究的方法框架，本章接着对二语习得会话分析基本概念、相关理论、基本原则等进行了回顾，并依据本研究特色、研究目的、研究内容等确定了研究方法框架。研究方法框架的构建有助于更好地剖析课堂语言学习中社会行为模式、特征、影响因素及其对语言习得和认知发展的功效。

语言社会性视域下的二语习得理论和二语习得会话分析原

则是我们对语言习得历程中的社会行为特征进行探究的思想核心和方法论基础，是我们全面而充分地理解课堂实践社区学习者社会行为模式、特征及其功效的理论框架和方法论基础，是我们成功地进行实证探究的理论基础和方法论保障。

第3章 社会行为特征研究的文献回顾

3.1 引　言

2000年，Swain提出"合作性会话（collaborative dialogue）"的概念，强调情境社会语境中语言使用者之间互帮互助、共同构建知识的特性。继而，许多研究者从认知和社会取向开展了对课堂语言学习中同伴互动之间的"社会行为"特征的探究，以更好地发现语言习得的本质，促进语言学习者社会语言能力、社会互动能力和社会认知能力的共同发展（如：Ellwood, 2008；Foster & Ohta, 2005；Frazier, 2007；Hellermann, 2006, 2007, 2008；Käänta, 2014；Niemi, 2014；Shin, 2009；Storch, 2001, 2002, 2007；庞继贤，吴薇薇，2000；邓秀娥，郑新民，2004；王晓燕，王俊菊，2012, 2014）。

通过统计分析2000—2014年间刊登在国外六种主要应用语言学期刊上有关外语／二语课堂生生互动共95篇相关研究以及国内核心语言学期刊上相应年限内发表的18篇相关研究，本章对国内外20世纪以来有关课堂语言学习中的学习者同伴互动研究进行回顾，对比分析国内外课堂语言学习中的同伴互动研究现状、研究取向、研究方法、研究内容、影响因素等相关研究背景，同时对国内外该领域的研究不足进行评述。

3.2 文献回顾背景

近年来,随着以教师为中心到以学生为中心课堂教学理念的转变,关于课堂话语研究正随着这种趋势转向到对学生之间互动价值的定量和定性探究(Mori,2004b)。研究者从课堂生生互动的各个层面,从不同视角展开了对它的深入探讨。研究发现,协商互动中与语言相关段落(LREs)或以形式为焦点段落(FFEs)的分析可展示学习者互帮互助,共同解决语言问题、共同构建语言知识的过程(Morris,2003);学习者之间的协商互动不同于课堂上由教师占主导地位的师生互动,前者较后者能产生更多的会话机会,因为它能创造平等、自由的语言环境,能培养学习者合作完成任务的意识;更易与意义协商、共同解决语言问题的行动相联系(Frazier,2007);它没有控制与被控制的关系,相反,互动双方都有管理话语、决定话题的责任,更易刺激高于二语水平句法形式的出现,有助于学习者参与真正的二语交流实践,从而帮助他们最终发展话语能力而不仅仅是句子层面的语言能力(Hellermann,2006,2007;Shin,2009)。

课堂语言学习中学习者协商互动有利于目标语能力提高虽已得到证实,但它在不同研究中是如何展现其有效性的?它的模式和构建及其影响因素是如何以不同的理论和方法来论证的?

国内已有学者对此进行了整合探究。梁文霞、朱立霞(2007)依据国外4种主要应用语言学刊物1986—2005年间的二语课堂实证研究论文,对近20年的二语课堂互动研究进行了述评。但他们的研究没有专门针对生生交流的探究,也没能关注近10年的相关变化。徐锦芬、曹忠凯(2010)通过分析

1997—2009年间刊登在国内外主要外语期刊上有关外语/二语课堂互动研究的论文,发现了课堂互动优点、课堂互动的设计与开展以及课堂互动的影响因素等。但他们的研究仍然没有专注于生生互动模式及其话语特征,且他们的分析样本较少[①],未能对该领域研究现状及其成果进行详尽介绍。李异飞(2014)则只剖析了我国教育类核心期刊上登载的相关互动研究论文,虽已涉及近10年的研究,但因缺乏相关外文文献和外语类核心期刊论文,其概括性显然欠缺。为促进我国学者和教师对二语课堂生生互动实践特征和本质的进一步了解和探究,本研究对国内外在该领域10多年来进行的相关实证研究进行综述回顾,以期国内该领域的更好探究。

3.3 文献回顾方法

首先,确定文献搜索范围。为更好地探究课堂语言学习生生协商互动研究的最新成果,本研究文献均来自 *Applied Linguistics*（AL）, *The Modern Language Journal*（MLJ）, *Language Learning*（LL）, *TESOL Quarterly*（TQ）, *Language Teaching Research*（LTR）, *System*（S）等国际重要语言学期刊和国内的《外语教学与研究》《现代外语》《外语与外语教学》《外语教学》《外语电化教学》和《解放军外国语学报》等外语类核心期刊[②]。这些期刊均为二/外语习得研究领域最有影响力的期

[①] 梁文霞、朱立霞共检索到52篇与外语/二语课堂实证研究相关的论文,未单独涉及生生互动实证研究论文数量及其分析;徐锦芬、曹忠凯共检索到71篇外语/二语课堂互动研究文章,包括师生互动和生生互动两种模式,以及实证研究和非实证研究两种类型,但未单独列出生生互动实证研究论文并加以分析。

[②] 国内其他外语类核心期刊,如《外国语》《外语界》等没有刊载相关文献,故本文调查只涉及六种期刊。

刊,其主要文章的研究成果和观点被国内外应用语言学学术论文大量引用,具有代表性和权威性,能反映相关领域的研究现状。研究文献局限于期刊文章是因为二语习得领域相对"书籍文化"更是"期刊文化"(Plonsky & Gass, 2011: 333)。

其次,确定选择和排除标准。所选文献为:① 发表在2000年1月至2014年期间;② 课堂互动形式为面对面的结对或小组活动;③ 互动双方为二/外语学习者;④ 分别采用定量或定性的实证探究,以及采用定量定性相结合的实证探究。排除文献为:① 有关生生互动的纯理论或评述性文章;② 师生互动交流或二/外语学习者与本族语者互动交流的文章;③ 电脑为媒介互动的相关文章。文献搜索时间界定旨在研究样本的可操纵性、丰富性和时代性。

依据实证研究定义(Benson & Chik, 2009)和生生互动研究特征,通过系统检索和反复阅读,我们从12种期刊中穷尽性地爬梳出113篇有关课堂生生互动实证研究文章。系统而理解性地回顾相关文献,将各研究放在特定思想体系和研究背景中,围绕研究焦点对各研究结果进行比较、认定和编译,对该领域结果进行全面综合分析而不是归纳各研究的独立观点。

从生生互动研究取向、研究方法、研究内容、研究特色等方面,分门别类地对其进行系统深入的观察,力争在语料统计方法上,保证研究结果符合所观察的语言事实。以此为基础分析国内外语言教学课堂生生互动研究的现状、特征及其发展态势,并就目前研究领域的不足以及国内未来相关研究提出自己的思考。

3.4 结果与分析

基于近20多年来登载在重要学术期刊上的有关"课堂语

言学习中的社会行为特征研究"相关文献,我们的回顾从研究基本概况和研究概念主题两部分展开分析。从研究基本概况回顾可见,研究者对相关研究的关注程度日益提升,从事相关研究的人数逐渐增加,在重要学刊上登载的相关研究也稳步上扬。相关研究概念主题可分为口语互动实践、写作互动实践、语言游戏实践和语言工作坊实践四种。

3.4.1 研究基本概况

本文遵循从一般到特殊的原则,先概括国内外语言课堂教学中生生互动研究现状,再重点分析各研究内容和研究特色。下列表3-1显示国内外近10多年来重要应用语言学期刊登载的有关课堂生生互动会话研究的实况。

表3-1 国内外应用语言学期刊课堂生生互动实证研究(2000—2014)

期刊 年份	AL	MLJ	S	LL	TQ	LTR	国外总数	国内
2000	0	1	0	1	0	2	4	1
2001	0	3	3	0	0	1	7	0
2002	1	0	0	2	0	0	3	1
2003	0	0	1	2	0	0	3	0
2004	1	1	1	0	1	2	6	3
2005	3	1	0	1	1	0	6	0
2006	1	2	2	0	0	0	5	0
2007	1	3	3	0	1	3	11	2
2008	1	2	0	0	3	1	7	2
2009	0	0	3	0	1	1	5	0

续上表

期刊 年份	AL	MLJ	S	LL	TQ	LTR	国外总数	国内
2010	1	5	2	0	2	1	11	2
2011	9	4	1	1	1	0	16	4
2012	1	1	0	1	1	1	5	1
2013	0	5	0	0	0	0	5	1
2014	0	1	0	0	0	0	1	1
总数	19	29	16	8	11	12	95	18
百分比（%）	16.8	25.7	14.2	7.1	9.7	10.6	84.1	15.9

由表3-1可看出，国外应用语言学界从2000年起外语/二语课堂生生互动研究开始逐渐增长，说明该领域研究在应用语言学期刊上逐渐表现活跃。2000—2006年7年间论文数为34篇，占国外相关文献总数的35.8%，每年平均4.8篇；2007—2014年7年多时间里研究活跃性显然增强，共有文章61篇，占国外相关文献总数的64.2%，平均每年7.7篇，说明对学生行为和话语的研究越来越成为课堂研究的重点。

同时在6种期刊中，MLJ期刊上登载此领域研究文章共29篇，无论总数还是所占百分比都为最高值，占国内外相关研究总数的25.7%。AL期刊上登载的文章为第二名，19篇；S排名第三，共16篇；LTR排列第四，为12篇；TQ次之，11篇；LL也有8篇。由于这些刊物在国际应用语言学领域的影响力较强，它们对课堂生生互动实证研究的关注，无疑将会引起更多研究者的兴趣。

此外，国外"课堂生生互动"实证研究者中，专著者较多，出现了如Foster、Hellermann、Machey、Storch、Swain等在此领域做出杰出贡献的人员。Swain（2001a，b）"合作性对话（collaborative dialogues）"的提出有助于我们从社会文化视角更好地理解生生同伴互动的本质及其对语言学的影响。Storch（2001，2002，2007）特别关注二语习得历程中生生互动模式、特性及其对语言发展的影响。他在2002年通过定量与定性研究相结合的实证方法剖析了课堂生生互动的四种基本模式及其特点。这一意义重大的发现成为互动研究参考和引用频率最高的文献之一。从2006年起，Hellermann在 AL、MLJ 等期刊上发表论文多篇（2006，2007，2008，2009）。他以社会文化和个人认知视角为取向，运用会话分析研究方法，对一批具有不同国籍背景的国际英语学习者课堂互动实践做了连续5年多的跟踪观察和研究。Hellermann和他同事们的系列研究为生生互动本质及其功效探究提供了宝贵的经验和丰硕的成果。

相较国外"课堂生生互动"实证研究，国内相关探究过少。如表3-1、表3-2所示，国内核心语言学期刊上登载的相关文献从2000年至2014年仅18篇，仅占15.9%。但是，国内相关研究发展趋势与国外相似，即2000年至2006年7年间相关文献为5篇，占4.4%；而2007年以后的7年多时间内共刊载相关文献13篇，占11.5%，上升趋势明显。另外，就国内6种核心期刊而言，《外语教学与研究》已登载相关文献5篇，占国内相关研究总数的27.8%。其次为《解放军外国语学院学报》，共4篇，为22.2%；《现代外语》为3篇。其他3种期刊也各自登载2篇。从发表的年份统计，2011年居最高，刊登4篇，占22.1%，其次为2004年，为3篇，占16.6%。但很明显，期间2001年、2003年等年度中，6种接受调查的核心刊物没有登载相关领域的研究，而大多年份也只发表了1篇相关文献。

表3-2 国内应用语言学期刊课堂生生互动实证研究（2000—2014）

期刊 年份	外语教学与研究	现代外语	外语与外语教学	外语教学	外语电化教学	解放军外国语学院学报	总量	百分比（%）
2000	1	0	0	0	0	0	1	5.6
2001	0	0	0	0	0	0	0	0
2002	1	0	0	0	0	0	1	5.6
2003	0	0	0	0	0	0	0	0
2004	1	1	1	0	0	0	3	16.6
2005	0	0	0	0	0	0	0	0
2006	0	0	0	0	0	0	0	0
2007	0	0	0	0	1	1	2	11.1
2008	0	0	0	0	1	1	2	11.1
2009	0	0	0	0	0	0	0	0
2010	0	0	0	1	0	1	2	11.1
2011	1	1	1	1	0	0	4	22.1
2012	0	0	0	0	0	1	1	5.6
2013	1	0	0	0	0	0	1	5.6
2014	0	1	0	0	0	0	1	5.6
总数	5	3	2	2	2	4	18	100
百分比（%）	27.8	16.7	11.1	11.1	11.1	22.2	100	

3.4.2 研究概念主题

依据整合原则，围绕课堂语言学习者社会行为特征研究的教学环境特征，概括出4类主要研究概念主题：口语互动实践、写作互动实践、语言游戏实践和语言工作坊实践。调查结果显示，国内外共113篇相关研究文献中，涉及口语互动实践数量最多，共78篇，其次为写作互动实践研究，共19篇。两大主题均涉及外语课堂、二语课堂和浸入式课堂等不同教学环境背景。另外，语言游戏实践文献含11篇，语言工作坊实践文献为5篇。

3.4.2.1 口语互动实践

课堂语言学习中，越来越多的外语/二语教师开始组织结对、分组等互动活动来完成话题讨论、故事构建等口语任务，任务完成中的协商互动本质、互动新途径探索和互动假设验证及互动功效、互动策略、互动影响因素、互动话语特征等越来越受到学者们的关注。此领域研究对象广泛，有幼儿园孩子、小学生、中学生、大学生、研究生和不同年龄成人学习者。

其中对具有不同母语背景、年龄跨度较大的国际学生口语互动特征探究尤为突出。Hellermann（2006，2007）、Hellermann & Cole（2008）的纵向系列研究从社会文化和个人认知视角论证情境学习语境中同伴互动的语言社会性和社会行为特征以及课堂特定社会实践社区学习者社会行为特征对语言习得和认知发展的影响和功效。Buckwatter（2001）、Gutierrez（2005）、Dippold（2011）、邓秀娥和郑新民（2008）等对大学外语课堂中学习者协商话语的分析，发现协商互动实践既具有交际目的又具有认知目的，有利意义共建和学习机会产生。Guk & Kellogg（2007）以及Pinter（2007）围绕小学外语课堂互动特征，发现该语言实践有助于低语言能力、低年龄学习者知识"内化"和语言最近发展区的进步。Iddings & Jang（2008）从生态法理论视野分析了不同国籍幼儿园孩子协商互动的本质及其对语言发展的促进作用。

口语任务协商互动策略、互动话语特征及其影响因素也成为关注内容。Farrel & Maliard（2006）对不同水平外语学习者在协商互动中的不同接受策略进行了归类和剖析。Chavez（2007）和 Morris（2003）通过对外语课堂协商互动影响因素调查，发现教师对学习者互动效果有不同程度影响。Toohey（2001）则从文化差异争端视角，对一组小学生互动个案分析，发现互动中话语权的争夺有利强者展示，但不利弱者的发展。互动语境中的语码转换是口语任务互动中颇受关注的互动话语特征，它指一段会话或话语中两种语言或语言变体的系统轮换，是持双语者言语的一个特征而不是一种语言或另一种语言能力缺陷的标志。Ellwood（2008）对不同母语背景学习者的互动分析，发现语码转换可体现学习者圆满完成任务、获得更多知识、成为优秀生的渴求，教师应对生生互动中不同类型语码转换加以关注，以更好地促进语言发展。Mori（2004）的研究揭示，同伴互动可通过语码转换完成话轮替换、合意或认同指示、修补和旁岔序列划界等语篇组织功能来创造语言学习机会。Liebscher 等（2005）发现，小组讨论中，语码转换是学生弥补二语表达能力不足的备用方法，能使话语的交际意义更加明了，强化合格成员的身份。

我国外语环境下课堂协商互动 5 篇相关研究均在口语互动实践背景下进行，涉及研究视角有学习者协商互动模式特征探究（庞继贤、吴薇薇，2000），协商互动功效剖析（邓秀娥、郑新民，2008），协商话语产出中的话语共建和自我纠错特征及其归因讨论等（梁文霞，2007；马冬梅，2002），研究对象均为在校大学生。王晓燕、王俊菊则分别对中学生协商互动语码转换本质及其功效（2012）、大学生课堂同伴互动修正模式特征（2014a）、大学生会话协商特征（2014b）进行了详尽调查、剖析和探究。

3.4.2.2 写作互动实践

随着写作课堂中同伴互评和同伴共建作文方法的流行，对互评和共建作文中的协商互动本质及其特性探究也日渐增多。研究常围绕写作过程或互评过程中学习者协商互动功效、互动策略、同伴反馈质量、同伴反馈动机等方面展开。此类研究涉及13篇大学生或成人学习者、3篇中学生和3篇小学生参与者。

Guerrero & Villamil（2000）的同伴互评协商话语的微变化分析发现，互动参与双方中"读者"会积极主动提出观点，通过积极磋商协同，"作者"会认真诚恳接受观点。同伴间互评策略的形成和发展有助于各自最近语言发展区的发展，互评促进作用不是单向而是双向的，即通过协商互助，共同完成写作任务或评论任务，共同促进认知协同发展。Storch（2001，2002）对写作任务完成中学习者结对模式的调查和互动言语特征、语篇构建行为及其元话语特征的分析发现：学习者的互动并非都以合作形式进行，合作型互动并不一定能带来更高效的写作，但合作形式的互动对任务的完成确实产生了积极影响。Frazier（2007）的研究进一步证实学习者合作写作具有社会性本质，学习者双方在"社会活动"中，互帮互助，获得语言和认知的共同发展。Zhu & Mitchell（2012）在活动理论框架下检测了学习者作文互评协商反映模式，提出"学生动机"是引导学习者积极参与同伴反馈，共同构建话语的主导因素。Gutierrez（2008）对中学生协商互助完成写作任务过程中的元语言特征，以及在特定社会实践中元语言特有的本质和功效进行了剖析。而Martin-beltran（2010）对小学生共建文本过程的分析发现，低龄学习者在文本讨论和词汇句法修正协商中母语和二语的共用可让学习者获取更多言语实践机会。

关于同伴写作互动的实证探究，我国仅有邓鹂鸣和岑粤

(2010）的关于"同伴反馈机制对中国学生二语写作能力发展的功效研究"。通过 12 周的实验研究发现，同伴互评反馈机制对二语写作能力的发展有着显著的影响，它切实有助于提高学生的二语写作构建能力。

3.4.2.3 语言游戏实践

语言游戏指通过使用注重语言形式的消遣语言与同伴一起在游戏娱乐中获得大量语言实践机会。通过与小伙伴的沟通和协同，习得语言知识，增强互动能力。近几年，游戏娱乐中的消遣语言（language play）已逐渐成为二语习得研究焦点。

以美国大学生为研究对象，Bushnell（2008）对语言玩乐协商话语以何种方式成为协商会话序列组织资源，并为语言学习提供"支架"作用进行了剖析。他发现，学习者常以自己的方式参与教师布置的任务，语言消遣不仅带给双方快乐，而且可让语言形式更具显著性和可记忆性。同样以大学生为研究对象，Pomerantz & Nancy（2007）认为，具有自发性、创造性的语言游戏或娱乐性言语行为可提供更多的语言使用和互动参与机会，有助于学习者成为多能语言使用者。

通过对浸入式小学生课堂中的语言玩乐协商互动本质的分析，Broner & Tarone（2001）对两种不同消遣语言及其对语言习得的促进作用进行了探讨，发现语言玩乐中，孩子们常运用大量不同语言表达方式，如头韵、象声词、语码转换、玩笑话语、重复、提高音量等来促进沟通，创造语言习得机会，获取新的信息。Cekaite & Aronson（2005）从语言社会性视角发现二语水平低的小学生语言玩乐行为是种社会现象，具有明显的社会互动特征，不仅促进学习者练习目标语，提高语言使用熟练度，而且有利于其认知能力和互动交往能力的提高，有助于身份展示，成为班级合格成员。

3.4.2.4 语言工作坊实践

语言工作坊（language workplace）协商互动研究对象常为技术移民，通过参与语言课堂和工作坊中的互动实践来提高特定工作语境中的语言表达能力、互动交往能力和特定的工作技能，以获取更多就业机会。研究常以个案纵向型为主，通过课堂和工作坊中同伴互动模式特征和话语特征的微变化分析展现学习者互动参与能力和语言发展能力的渐变历程。

基于11位技术移民在模拟工作坊实践中的协商互动话语的调查和分析，Riddiford & Joe（2010）论证了这种特定背景中的协商互动实践对特种人群语言水平和社会语用技能的提高、就业机会的增加具有积极作用。Holmes & Marra（2011）以四位技术移民为研究对象，通过对他们协商话语和协商策略的调查，对如何利用工作坊协商互动培养与同伴的友好关系、创建职业身份、增加社会语用知识、加强与人沟通技能进行了探讨。

较为遗憾的是，国内暂无"语言游戏实践"和"语言工作坊互动实践"的相关实证探究。

3.5 讨 论

本节的讨论拟从研究取向、研究方法、研究内容等三方面展开，旨在对课堂语言学习中学习者同伴互动实践的研究现状有更深的了解。

3.5.1 研究取向

在过去10多年中，外语/二语课堂生生互动实证研究主要源于认知和社会取向。其中社会取向指以社会语言学方法引导二语习得研究（sociolinguistic approaches to second language acquisition research）（Tarone，2007），基于"社会文化""社会认知""语言社会性"等理论框架。自 Firth 和 Wagner1997 年在 *MLJ* 撰文提出该观点，二语习得领域迎来了新的主流。这种研究模式以反映社会语境和外语/二语习得间关系的实证语料为研究依据，旨在探究社会语境和言语语境对语言使用、选择和发展的影响以及学习者在这种"社会实践"中的"身份展示"和"共同合作"本质。

社会文化视角中的语言学习（sociocultural perspectives on language learning）认为，语言习得受社会和文化的影响，语言发展是一种自然发生的社会建构过程，包括 Vygotskian 的"社会文化理论"（sociocultural theory）、语言社会性（language socialization）、民族方式学会话分析（ethnomethodological conversation analysis）（Hellermann，2008b：4）。社会文化理论强调语言学习发生在社会交流之中，首先是人与人（interpersonal）之间，然后是个人内部（individual）进行，既是一种认知活动，又是一种社会活动。

Swain 的"合作性对话"概念就是在这种理念下提出，强调情境社会语境中语言使用者或学习者之间共同努力，共建知识的特性。研究者强调语言课堂即为语言实践社区（classroom communities of practice），语言学习和使用从本质上来说就是社会事件（social events）、社会行为（social action）。语言学习者和使用者在实践活动中相互协商、互帮互助、共同合作，在最近发展区（zone of proximal development）获得语言发展和交际技能的提升（Cekaite & Aronsson，2005；Foster & Ohta，2005；Gutierrez，2008；McDonough，2009；Mori，2004；Zeng & Takatsaka，2009）。

二语习得认知模式视互动过程为个人的、自我控制的心理活动过程（Gutierrez，2008），语言学习为习得各种语言系统知识的心理过程，它强调人的大脑处理、存储和检索信息功能（Foster & Ohta, 2005; Jenks, 2001）。近几年，受社会取向影响，许多研究者强调个人认知与社会取向相结合，提出社会认知（sociocognitive）概念（Atkinson, 2002; Atkinson, Churchill & Nishio, 2007; Churchill, Nishino & Okada, 2010），主张以社会认知指导二语习得探究（a sociocognitive approach to SLA）。这种观点认为语言学习/使用是在个人认知与社会的、物质的世界相互作用中进行的，它明确地反对将认知与社会、个体内部与人际之间对立而谈，认为个体认知活动是在社会中、人与人交往中进行和发生作用的。

3.5.2 研究方法

依据 Mckay（2006）和 Benson 等（2009）有关实证研究中定量和定性研究的各自定义及其差异标准，笔者对所收集的113篇论文的摘要、方法陈述、语料分析等部分反复研读，最终将其按定量分析型、定量定性相结合分析型、定性分析型三类进行整理和分析。

表3-3中最令人惊奇的特征是，三种实证研究方法中，被认定为"定性分析型研究"的文章占据总量的51.3%，共有58篇。而在6种国外语言学期刊中，*MLJ*所登载的定性分析型研究文章共21篇，占所有期刊中定性文章的36.2%。其后为 *AL* 和 *S*，分别登载10篇和9篇定性型研究文章，分别占据定性研究总量的17.2%占15.5%。此外，"定量定性相结合型研究"文章共有36篇，占总量的31.9%。由此可见，课堂生生互动研究大多采用了"定性分析型研究"或"定量定性相结合分析型研究"方法，较少使用纯"定量分析型"方法（仅有19篇，占总量的16.8%）（见表3-3）。

表3-3　113篇外语/二语课堂生生互动实证型论文的研究方法

期刊	定量分析型	定量定性相结合分析型	定性分析型（%）	总数	百分比（%）
AL	4	5	10　17.3	19	16.8
MLJ	3	5	21　36.2	29	25.7
S	2	5	9　15.5	16	14.2
LL	4	2	2　3.5	8	7.1
TQ	3	4	4　6.9	11	9.7
LTR	1	5	6　10.3	12	10.6
国内	2	10	6　10.3	18	15.9
总量百分比（%）	19　16.8	36　31.9	58　51.3	113	100

定性分析型研究和定量定性相结合分析型研究中，研究者多采纳会话分析（conversation analysis）、个案研究（case study）、民族志途径（ethnographic approach）、微变化研究（microgenetic analysis）和纵向研究（longitudinal design）等方法。

其中，"会话分析"犹为突出，共有42篇，占定性型和定量定性相结合型研究总量的45.7%。"会话分析"是社会语言学中用于对日常会话进行分析的一套特别理论和方法（Hellermann，2008：29），来源于20世纪60年代中期的社会学家Sacks和他的同事。它强调运用真实的、经过认真转写的、社会实践互动中的录音材料为研究语料，分析单位为会话中的话步、话轮和序列组织结构。Firth & Wagner在1997年首次将会话分析运用于二语习得研究领域（CA-for-SLA）（Mori & Markee，2009），通过对师生互动或生生互动中产生的与语言相关段落（LREs）的分析，剖析课堂互动中的社交组织形式、知识构建模式及语言发展特性。

此领域的代表人物有 Ellwood，Foster，Mori 等。Foster（2005）和 Mori（2004）利用会话分析原理对传统的会话协商进行重新诠释，发现学习者同伴间的会话协商不仅有利于语言习得、话题管理，更有利于培养互帮互助的团队精神。Ellwood（2008）、Mori（2004）、Liebscher（2005）Martin-beltran（2010）利用会话分析工具，剖析生生同伴互动中语码转换规律、特征及其对语言习得的功效。Suzuki（2008）和 Diab（2010）等从会话分析视角对学习者作文共建时的协作、商讨过程进行探析，以此挖掘学习者语言习得的规律特征。

运用会话分析技巧，以外语课堂为背景，以学习者同伴互动为研究本体的纵向型研究（Hellermann，2007，2008；Morita，2004；Storch，2001，2002，2007）、微变化研究（Gutierrez，2008；Martin-beltran，2010）和个案研究方法（Hellermann，2006；Iddings & Jang，2008；Mori，2004）构成了课堂生生互动实证研究特色。这些研究语料往往来自于研究者自己主持的课堂或研究者坚持参与的课堂真实语料，通过录音、录像、课堂笔记等方法获取。

3.5.3 研究内容

根据相关研究文献回顾可见，关于课堂语言学习中学习者同伴互动语言实践的探究多从以下三方面展开，即同伴互动语言实践对语言习得的功效，同伴互动语言实践的影响因素，以及同伴互动语言实践的设计特征，等等。

3.5.3.1 生生互动功效探究

二语习得互动假设认为，互动过程通过各种任务的完成，如意义协商、反馈提供、输出修饰等促进二语的发展（Mackey，2007）。生生互动中与语言有关段落（LREs）或以形式为焦点段落（FFEs）的分析可展示学习者是如何互帮互助，共同解决语言问题、共同构建语言知识的过程。越来越多的研究者从不同理论框架，如认知和社会文化理论（Foster & Ohta，2005）、生态学理论框架（Iddings & Jang，2008）、会话分析（Hellermann，2006，2007，2008）、合作性学习（Jalilifar，2010）、计算机辅助下同伴互动（McDonough & Sunitham，2009；Sauro & Smith，2010）等，展开了外语/二语课堂生生互动对外语/二语发展功效的研究和实践。大量研究结果发现，外语课堂中的生生互动不同于课堂上由教师占主导地位的师生互动。生生互动较师生互动能产生更多的会话机会（Guk & Kellogg，2001），因为它能创造平等、自由的语言环境，能培养学生合作完成任务的意识（Martin-beltran，2010；Zhao & Bitchener，2007），能刺激学习者的独立性，有助于培养更放松、更友好的学习氛围。通过话语调节、意义协商，促使学习者共同解决语言问题、获得目标语知识（McDough，2004）；同伴互动中没有控制与被控制关系，相反，会话双方都有管理话语、决定话题的责任（Suzuki，2008）。生生互动让学习者参与真正的二语交流实践、最终发展话语能力而不仅仅是句子层面的语言能力（Tsui，2001）。生生同伴间的"合作性对话"反映了学习者的认知过程，如注意（noticing）、注意差距（noticing gap）、假设构建（hypotheses formulation）、测试和再构建（testing and restructuring）、吸入（uptake），而这是成功二语习得的必要保证（Storch，2002）。王晓燕、王俊菊（2014）通过对我国外语环境下学习者同伴互动修正模式特征调查发现,同伴他启修正不仅有助语言习得,还有利认知和社会行为能力的提高。

虽然以学习者为中心开展结对/小组互动的教学理念已被越来越多的研究者和语言教师所接受,但对这种课堂互动模式功效也有研究者提出了质疑。

Storch(2002)的研究发现,课堂生生互动四种模式中,主导/主导型(dominant / dominant)、主导/服从型(dominant / passive)对语言习得和同伴互助无促进作用。Morris & Tarone(2003)发现,生生互动中,有些学习者对同伴指出的错误和不足难以接受,甚至认为是对自己的批评(criticism)和嘲讽(mockery),因而不仅达不到互相学习的效果,反而促使相互矛盾的产生。

3.5.3.2 生生互动影响因素

影响生生互动本质和功效的因素很多,其中,互动任务、语码转换、语言水平、学习者动机等因素尤为受到关注。

其中,互动任务的难易度、复杂度等对学生同伴互动的影响很受关注。Kim(2009)运用认知假设原理,调查了任务复杂性对学习者互动过程和二语学习的影响,发现任务复杂性对语言学习机会的影响依据任务类型和学习者语言水平的不同而不同。Mackey,Kanganas & Oliver(2007)关于任务熟悉度与互动反馈的研究发现,完成程序上熟悉的任务时,学习者会有更多的机会使用反馈,而完成内容和程序上都熟悉的任务时,学习者则更能准确地使用反馈形式。而互动任务的设计、策划等因素对于学习者语言知识的获得、语言能力的发展也有密切的关系(Ellis,2000;Mori,2002)。

外语/二语会话交流中的语码转换同样对同伴互动本质和功效产生了一定影响。语码转换是指双语者在同一或不同话轮中对两种语言进行交替使用的双语现象或双语言语行为

(Auer, 1998)。相关研究表明, 互动语境中的语码转换是一段会话或话语中两种语言或语言变体的系统轮换, 是持双语者言语的一个特征而不是一种语言或另一种语言能力缺陷的标志 (Li, 2000: 17)。Mori (2004) 描述了学习者在同伴互动中可以通过语码转换来完成话轮替换 (turn-taking)、合意或认同指示 (preference & marking)、修补 (repair) 和旁岔序列划界 (bracketing side-sequences) 等语篇组织功能来创造语言学习机会。Liebscher 等 (2005) 发现, 小组讨论中, 语码转换是学生弥补二语表达能力不足的备用方法, 能使话语的交际意义更加明了, 也能强化学生对自己行为和集体一员的认识。Ellwood (2008) 通过对不同母语背景学习者的互动分析, 发现语码转换可体现学生想圆满完成任务、盼望获得更多知识、成为优秀生的渴求, 教师应对生生互动中不同类型的语码转换加以关注, 以更好地促进语言的发展。

外语水平差异也是课堂生生互动研究中颇受关注的因素。William (2001) 通过调查证明, 高水平学习者较低水平学习者在生生互动中产生更多的机会关注语言问题、协商解决语言问题。Leeser (2004) 的研究显示, 学习者个体的二语水平不仅影响 LRE 的数量和类型, 而且影响他们成功解决语言问题的程度。Kim & McDonough (2008) 通过定量定性研究再次证明, 语言水平的高低影响互动功效的发挥, 即较高水平学习者互动中能产生更多与语言相关片段, 解决更多语言问题, 更好地提高自己的语言水平。同时, 学习者动机因素、学习者年龄因素对互动的影响也颇受关注 (Chang, 2007, 2010; Hinger, 2001; Oliver, 2000; Wu, 2003)。

3.5.3.3 生生互动的不同设计特征

课堂生生同伴互动主要以结对子形式和小组讨论形式两种。研究多以国籍不同、年龄跨度大的国际成人学生为对象。

生生互动设计常采用书面任务完成中的同伴互动和口头讨论中的同伴互动两种形式。书面任务中的同伴互动常指对文章重新编辑、错误修正、共建书面作文、共同努力完成作文互改等。Gutierrez（2008）发现，同伴共同构建作文活动中可产生更多的元语言，如评论（comments）、言语行为（speech actions）和文本重铸（text reformulations）。其中，评论最频繁。而这些元语言有助于学习者更多地注意语言现象，更好地促进思维发展。Suzuki（2008）通过自评和互评实证研究发现，互评较自评能产生更多的元语言，促进更多的语言输出。Diab（2010）通过控制组和实验组，对同伴讨论修正错误与个人修正错误进行对比分析发现，同伴互改大大降低了以规则为基础的错误，同伴反馈让学习者注意自己的言语偏误，在同伴提示下更好地修正偏误。口头讨论中的同伴互动旨在在一定时间内完成老师布置的口头表达任务，如对所读故事的讨论（Hellermann，2006）、通过口语互动复习语法现象（McDonough，2004）、辨别信息差距任务（Kim，2009）等。在口语活动中，同伴之间相互协商、互相帮助、修正彼此错误、搜索正确语言形式、共同完成互动任务（Broner & Tarone，2001；Hardy & Moore，2004；Mori，2004；Hellermann，2007，2008）。王力媛（2013）则从跨文化交际视角，通过跟踪观察和调查英国某学院研讨课上的小组讨论语料，发现中国学生与有英国教育背景的非中国学生不同的讨论方式及其导致的误解，并提出这些误解会影响到合作学习以及对自身学习反省的机会和深度。

近几年，有关计算机辅助/网络语言环境下生生同伴互动本质及特征探究成为生生互动研究特别关注的话题。2003年，Smith对计算机辅助语言环境下学习者互动情况进行分析和探究，发现学习者在此种语言学习背景中更多注意意义表达而少在乎语言形式。Zeng（2009）对计算机辅助语言学习环境中对

"合作性对话"本质进一步探究，发现合作性对话中学习者之间确实能互帮互助共同完成语言任务，有利于语言习得。Sauro & Smith（2010）对于学习者在线聊天中二语输出时的语言复杂性和词汇多样性进行检测发现，在线聊天的语言输出更具有语言复杂性和词汇多样性，说明在此语言学习背景中的语言产出和语言监控。

生生互动实证探究大多对成人二语或外语课堂语言环境中的学习者互动话语进行分析，较少以儿童课堂为探究背景的案例。这些不多的案例往往采用微变化研究、个案研究和纵向型研究方法对孩子一段时间内在课堂中与不同同伴互动话语的分析，来挖掘孩子语言发展历程中的不同特征。Broner & Tarone（2001）通过对孩子在两种语言游戏（language play）中的实践特征探究，揭示对区别性特征的认识更有助于我们研究它们在第二语言发展的不同作用。Cekaite（2007）以情境学习为理论框架，从个案分析视角，对一位一年级孩子在完成二语课堂各种活动中如何通过与同伴互动交流而逐渐获得语言能力发展的历程作为探讨。Martin-beltran（2010）通过录音录像，以社会文化理论为指导，跟踪调查和分析一组五年级学生在二语课堂中如何利用双语进行语言学习、互动交流、共建语言专门知识。结果显示，语言学习机会可通过不同语言之间互相作用，以及学习者之间共同构建知识等方式来获得。

3.5.4　研究中存在的不足

10多年来，国外外语/二语课堂生生互动实证研究已有了很大发展，进一步促进了语言习得和外语教学的发展。但同时也有些不足值得我们注意。

3.5.4.1　研究背景不全

外语/二语课堂生生互动实证研究背景大多为大学或语言

学校的成人语言课堂，而少有儿童外语/二语课堂背景，特别是中学生课堂背景的研究更少。据笔者所收集的113篇相关文章统计，成人课堂背景的为96篇，约为85%，儿童的为14篇，占12.4%，而中学生课堂背景的仅为3篇，占2.7%。特别是我国外语环境下的生生互动实践探究尤为缺少，仅1篇关于中学生互动语码转换特征的探究（王晓燕，王俊菊，2012）。由于研究背景样本较单一，生生互动本质及其对语言发展功效的相关探究具有一定的片面性。那么，为什么外语/二语课堂生生互动探究经常避免中学课堂？是因为师生互动模式较生生互动模式更有利中学生语言学习还是因为教育体制局限或中学生特有的心理特征？既然生生互动模式更能产生轻松、友好、和谐的语言学习氛围，为什么不能将此模式适当地穿插在学习负担沉重的中学外语课堂？这应该值得基础教育课堂进一步探究。

3.5.4.2 研究深度不够

目前，许多互动研究者对师生互动和生生互动模式的调查和分析往往只局限于一个阶段，几乎没有对不同年龄、不同水平语言学习者生生互动进行纵向而系统的对比探究。也没有对语言发展不同阶段中师生互动与生生互动模式的本质与特征进行对比分析，从而难以诠释它们的不同功能。同时，对于不同阶段生生互动中教师该如何发挥监控、调节作用，以免学习者从同伴中获取太多不正确的语言输入而影响语言习得的问题，也没有涉及。另外，生生互动本质与功效的影响因素多在于互动任务、年龄水平、母语作用等，而对学习者之间的认知差异、情感差异和性格差异等因素的影响缺乏实证调查和分析。在将来的研究中若能结合考虑这些影响因素，将有利于我们更好地探究其本质。

3.5.4.3 研究焦点不全

外语/二语课堂同伴互动语言实践相关研究大多采用传统方式的以文本为中心的话语分析方法，即包括对言语文本和书面文本的分析。但较少融合交际学和符号学的多模态形式的理念，如对互动过程中互动参与者的手势、眼神、头部动作、身体姿势等特征的综合剖析。而在实际交流中，这些多模态形式与言语组成了不可分割的整体。在对互动会话特征、本质、影响因素等方面进行探究时，若缺乏对这些非言语行为的详尽剖析，也就难以全面而透彻地揭示互动的的本质和特征，也难以诠释互动实践对语言习得和认知发展的作用。

3.5.4.4 研究方法有待完善

如本章 3.5.2 节可见，大多课堂语言学习中学习者同伴互动的实证探究较多地采用对互动话语或互动行为的描述性分析。此种研究方法虽能清楚而详尽地揭示互动过程中的各种话语特征及其在语言习得发展中的微变化历程，但其主观性较强。若能在此方法基础上，设计一些合理而科学的前测试、后测试，通过前后测试中学习者语言习得结果的量化结果来对比分析，其研究结果的揭示效度更大，互动实践的语言习得功效说服力也会更强。同时，为了更好地剖析互动语言实践对学习者语言习得、认知发展的作用，强调对研究语料的纵向型跟踪调查和剖析也是极为重要的。

3.5.4.5 国内相关研究较薄弱

从 2000 年至今 10 多年，基于我国外语环境下的课堂协商互动定性、定量研究或定量定性实证研究不足 20 项。本调查中不足 20 篇的相关文献大多基于课堂观察、问卷调查和个别访谈等语料综合分析的类型，但缺乏对学习者协商互动微观的、详尽的真实记录和多重检测，也缺乏对我国外语环境下语言课堂互动模式特征的纵向型语料收集和相关剖析，研究结果缺乏力证。另外，国内相关研究还表现出视角不广的弱点。相较于国外相关研究的四大概念主题，我国相关研究仅涉及口语任务互动和写作任务互动特征探究，明显缺乏语言玩乐、语言工作坊背景中的互动特征和本质的相关探究。

因此，未来研究可借鉴现有国外相关研究的视角和研究的方法，结合我国外语教学特征和我国语言学习者认知心理特征，探索出符合我国外语学习环境和外语学习者特点的课堂协商互动模式，以更好地提升我国语言学习者社会语言能力、社会认知能力和社会互动能力，推动我国外语教育事业的发展。

3.6 小　　结

外语/二语课堂生生互动实证研究10多年来已取得丰硕成果，许多研究的思路、方法和成果都值得国内同仁学习和借鉴。国内生生互动研究，特别是实证探究还较为薄弱。据笔者对2000—2014年国内6种核心期刊的查询，仅18篇为生生互动实证探究（其中还有一篇为师生互动和生生互动的对比探究（刘家荣，蒋宇红，2007）。而本文所分析的95篇发表在国际语言学刊上的相关研究中只有2篇有关大陆英语学习者生生互动的文章，可见其与国外相关研究的差距。然而，我国外语学习者众多，研究资源十分丰富（徐锦芬，曹忠凯，2010），因此，未来国内的课堂生生互动研究前景应该十分广阔。研究者可从不同视角、不同方位对不同阶段中国外语课堂生生互动本质、特征、功效进行调查和分析，探究具有中国特色的生生互动模式，以更好地促进我国外语教育和素质教育的发展。

本章对21世纪以来发表在国内外重要应用语言学期刊上

的有关课堂协商互动研究进行了整合分析，发现该研究常在口语任务、写作任务、语言玩乐和语言工作坊实践等不同教学背景中展开，不同背景中的研究对象、研究视角、研究内容各具特征，但在研究方法模式和研究理念范式上具有相似特征。本文同时指出了该领域研究存在的不足，对我国未来的相关研究提出了建议。

第4章 社会行为特征研究的语料与方法

4.1 引　　言

　　本研究运用"多角验证"的数据收集和分析思路,以中国范围内不同层次、不同类型、不同水平语言学习者为研究对象,通过课堂录音录像、课堂观察、问卷调查、个别访谈等方法收集研究语料,采用定量和定性分析相结合的技术路线对数据进行统计分析,同时运用会话分析技巧对语料进行详尽分析,旨在对课堂语言学习中的社会行为特征进行全方位、多层面、多维度的研究,从宏观和微观的角度探讨语言课堂特定社会实践社区中,学习者通过互动任务的完成所反映的社会行为特征,及其对语言习得和认知发展的功效。

　　本章将主要介绍课堂语言学习中学习者社会行为特征实证研究的设计方案,具体包括研究问题、研究思路、语料收集背景、语料收集程序以及语料分析具体步骤等内容。

4.2　研究问题

　　鉴于近10多年来相关领域的研究不足,"课堂语言学习中的社会行为特征研究"以社会文化、社会认知为指导,从课堂语言学习中的学习者"合作性会话"视角展开。在此研究中，语言和语言学习被视为一种认知的和文化的产物，语言能力即语言使用能力，语言习得既被语言使用语境影响也影响着语言使用语境（Goodwin, 1995）。学习者在一种语言中的互动能力被定义为，能在互动中情境地、互动地使用语言形式（McNamara & Roever, 2006）。

依据真实的课堂同伴互动语料，通过详尽地调查、描写和剖析学习者互动过程中的话语和行为特征，本研究旨在回答以下主要问题：课堂语言学习者在同伴互动过程中具有什么社会行为特征？为什么会具有这些特征？这些特征是以什么形式展现的？比对国外相关研究，中国外语环境下学习者社会行为特征滋生的认知、文化和社会环境有何不同？更确切地来说，此研究旨在回答以下问题：

问题一（Q1）：中国外语环境下课堂语言学习中常具有何种社会特征？具体而言，在与同伴合作完成学习任务的过程中，会呈现何种互动特征，即互动会话语码转换特征？何种互动会话修正模式特征？何种互动会话言语产出特征？

问题二（Q2）：课堂语言学习中社会行为特征为什么会以所观察的方式出现？社会行为特征对学习者语言习得和认知发展有何种影响？

问题三（Q3）：课堂语言学习中社会行为特征在语言、认知和社会三维中可体现何种本质？三维中哪些因素对特定实践社区中的社会行为产生影响？

问题四（Q4）：课堂语言学习中社会行为特征研究对语言习得和语言教学有何启示？

基于此，以上4个问题在本研究中涉及以下方面的具体分析：学习者的社会行为特征，包括互动会话语码转换特征、互动会话修正模式特征和互动会话言语产出特征（Q1）；社会行为特征成因和对语言实践的影响（Q2）；课堂语言学习中社会行为特征的本质及其影响因素（Q3）；课堂语言学习中社会行为特征研究的意义（Q4）。

4.3　研究思路

"课堂语言学习中的社会行为特征研究"以社会文化和社会认知为理论支撑，以外语课堂学习者的"合作性会话"为研究本体，通过探讨语言课堂学习者同伴互动过程中的社会行为模式特征、社会行为功效、社会行为成因，深入研究同伴互助合作模式对外语学习的本质、影响同伴互助合作模式的各种语言和社会文化因素，探索课堂语言学习中的"社会交往"能力培养策略，在此基础上构建新的语言学习模式，促进学习者语言能力和社会交往能力的共同提高。

本课题的研究对象来自不同层次、不同类型和不同水平的外语学习者，将采取随机取样的方式选取。研究的具体语料来自大学外语专业大一至大三的综合英语、高级英语、英语写作等课堂内的学生同伴任务讨论，以及中学英语 PETS 过级培训课堂，语料采集时间持续近 4 年。本课题拟采用不同的渠道收集数据，以达到"多角验证"的效果。具体步骤如下：

第一，利用录音录像和现场笔记的方法对真实语言课堂内学习者互动语料进行收集，以自建中国外语环境下课堂语言学习社会行为特征研究语料库。

第二，依据自创课堂语言学习者同伴互动语料库，考察和验证学习者在完成课堂互动任务时的参与程度、互动模式、互动效果等特征，以探究学习者社会行为的特质。

第三，利用会话分析技巧对语言课堂学习者互动参与语料进行转写、编码和详尽的分析，旨在展示学习者互帮互助、共同解决语言问题、共同构建语言知识的过程，并以此发现学习者同伴互动模式、互助合作的语言和社会特征、互助合作对语言发展和社会行为的功效。

第四，基于相关研究，设计封闭式和半开放式问卷调查，用来考察参试学习者对同伴互动学习模式的认识，学习者互动心理特征、互动合作时对同伴和教师的期望，从而了解课堂语言学习社会行为特征在语言习得和认知发展历程中的本质及其启示。

第五，课后访谈是为了更深入地了解外语学习者的"社会行为"特点、成因及其影响因素。拟定访谈50人次，被访谈人的选择将考虑院校类型、年级、专业、性别等因素，每次访谈时间大约在20～30分钟，在访谈者和被访谈者之间单独进行。访谈将被录音以用于日后的定性分析。

同时，本研究利用会话分析工具对学习者课堂互动语料进行详尽的定性分析，以发现学习者互动序列特征、互动模式类型、互动会话本质，及其在语言学习者语言习得和认知发展历程中的功效。本课题还通过对学习者问卷调查和个别访谈语料的进一步收集，来更好地剖析互动过程的认知心理特征，发现互动过程中更多的言语特征、认知特征和社会属性。同时，本研究还结合定量定性研究对会话分析结果进行进一步验证。总结概括互动模式、本质及其影响因素，发现不同模式之间的相关因素，并进行各影响因素的归因。

4.4　语料收集背景

本研究以中国学生学习英语的真实课堂为研究环境，通过对课堂内对子或小组活动进行以观察、描述为主的实证性研究，主要的语料收集来源于湖南省某普通高校英语专业综合英语、高级英语和英语写作课堂，以及该省多所重点和非重点中学英语培训课堂。

对于英语专业低年级学生来说，综合英语课为最重要的基础课程。根据我国 2000 年颁布的教学大纲，综合英语课旨在提高英语专业学习者听、说、读、写、译等综合能力。通过课程的学习，学习者有望扩大词汇量，获得背景文化知识，提高逻辑思维能力和促进语言警觉性。综合英语课程围绕各种话题进行语言知识的传授、人文知识的理解以及相关知识的讨论。基于英语专业真实课堂的语料采集于学习者两人一组的讨论活动。

本研究的主要参加者为湖南省某普通高校 58 名英语专业大二学生，其中男生 6 名。大一期间的专业成绩显示，这些学生在阅读、写作以及口语成绩方面均存在一定差距。参与本研究前，这些学生已经历一年的专业学习和课堂会话操练，因此基本能够适应同伴互动实践。同时，由于被告知课堂录音和同伴会话表现将作为平时成绩的重要参考项，因此，所有学生都认真参与了各次会话任务和相关录音。为展开对课堂语言学习社会行为特征更充分的调查和剖析，课堂语料采集还来自于英语专业的英语写作课堂和高级英语课堂。这两门课程如同综合英语课也为英语专业学生必修课程，对于高年级学生来说尤为重要。

本研究语料采集中的另一类课堂为湖南省某市的公共英语 2 级（PETS2）培训课堂，参与者为一组中学生 50 人左右。语料正式采集时，参与者处于高一至高二阶段。这组中学生参与者中既有来自省重点示范高中的，也有就读普通高中的。但由于大部分学生从初一起就一直参与同一英语辅导班，彼此相当熟悉，也无太多男女生间的尴尬，课堂座位不固定。选取高一生作为语料收集对象，原因在于：为高考录取时拓宽专业选择范围，大部分学校会要求这些学生在高一和高二阶段参加 PETS2、PETS3（公共英语三级）的口语考试，而 PETS2 和

PETS3 的口试中都有同伴互动的环节,因此,英语培训课内会有意识地安排一些相关训练,以熟悉口试题型、增强互动意识,提高口试成绩。

无论中学英语培训课堂还是大学英语专业课堂,学习者之间的互动形式均为两人一组的讨论方式。互动任务完成时互动语料采集形式如图 4-1 所示。

左　　　　　　　　　　　　右

图 4-1　课堂语言学习中互动语料采集场景

图 4-1 展示了课堂语言学习背景中学习者之间完成教师布置的互动会话任务的场景。图 4-1 中的左图显示学习者完成同伴互动任务时的全景,右图则再现了一组学习者互动任务完成时的情境。录像资料可增加对学习者互动任务完成时的非言语特征以及参与者与周围环境之间的互动特征探究。

4.5　语料收集程序

本研究的语料收集过程从 2008 年 1 月至 2013 年 12 月,整个过程持续 5 年多。主要的语料收集步骤如下:完成互动任务,分布问卷调查,进行个别访谈。

4.5.1　完成互动任务

本研究的学习者同伴互动语料采集主要来自于项目研究初

期的中学英语培训课堂和项目研究中,后期阶段的大学英语专业一、二、三年级课堂。中学英语培训课堂中学习者同伴互动实践主要完成两种互动任务,分别为"根据中文提示组织会话"和"根据图片情境组织会话"(见附录2),此类课堂会话语料采集时间约持续17个月左右。大学英语专业课堂学习者互动会话为本研究的主要研究语料,语料采集时间为38个月(2010年10月至2013年12月),即从语料采集时间内学习者共完成20次左右同伴互动任务。因语料收集的质量问题,研究语料主要采集其中的16次互动任务。

4.5.1.1 中学英语学习者互动任务语料收集

中学英语学习者互动任务完成为2008年1月至2010年6月。学习者生生互动环节穿插在英语培训课内进行。为使每位学习者开口,基本采用两者间的会话互动形式,每次会话对象基本不同。

表4-1 两种口语互动任务中各项指标对比

任务题型	任务要求	任务复杂性（认知因素）	任务难易程度
A型	根据各自中文提示词会话	较简单	语境提示明确,不要过多推理;可直接根据中文提示词进行问句或答句翻译;但某些提示词较难直接找到英文对应词
B型	根据图片情境组织会话	较复杂	语境提示较明确,但需判断和推理;图片描述成分较多;有描述,也有对图片隐含意义的理解、想象和表达,需更多认知和心理活动

课堂语言学习中会话训练目的不一，有时是明确为口试做准备，有时是为缓和课堂紧张气氛而采纳对子讨论型教学活动，有时是针对作文撰写前准备的讨论，但都基于两种口语任务题型：① 根据两张卡片上不同中文提示词进行会话（A型）；② 根据图片内容及图片上的提示词进行会话（B型）（见附录2）。

表4-1展示了两种口语互动任务中各项指标的对比。很显然，A型任务较之B型任务，从认知因素看较简单；从任务难易程度看较容易，互动话语往往可通过提示词直接导出。因此，在完成此类任务时，协商、争辩修正的机会较少。而完成B型任务时，因互动双方对图片展示的事件本质的认知理解不同，为推动互动任务的顺利完成，双方不得不付出更多的判断、推理、协商等认知努力。因而，协商、修正等话语产出量明显增多，互动话语的总量也明显多于A型任务。为更好强调同伴合作重要性和学习的独立性，生生互动时教师不插话，只在一旁观察并做笔记，同时另一研究者掌握摄像机。会话开始时，每组学生间都会有一录音笔或具有录音功能的手机，负责录音。语料收集伊始，学生明显感到不适，互动难以达到要求（因而没有取前几次语料），三四次训练后逐渐适应。生生互动时间为10~20分钟不等，为获得更好的互动效果，每次互动结束后选取一组表演并及时讲评。语料收集为每两个月1~2次，为期18个月左右，语料收集总共为10次，5次完成A型任务，5次完成B型任务，每次语料取其前10分钟进行统计和分析。

4.5.1.2 大学英语专业语言学习者互动任务语料收集

大学英语专业语言学习者互动任务完成时间为2010年10月至2013年12月，主要语料采自于某综合性大学外国语学院

2010级英语专业大一和大二阶段的综合英语课内的同伴互动任务。为获悉更多的互动状况，课题组也采集了部分英语写作课和高级英语课内的互动任务。所有的互动任务均属于同一类型的开放式讨论任务。设计同一类型的任务有利于学习者熟悉互动任务的程序以便能更关注互动任务的内容。互动任务设计的基本原则是提高学习者语言学习能力、认知发展能力和社会行为。因此，互动任务过程中任务复杂性、认知假设和学习者语言能力等因素都已考虑其中。

表4-2 各互动任务的基本信息

各次任务	互动任务时间	以课本内容为基础的话题	以社会事件或新闻内容为基础的话题	各次话题内容
任务1	2010年10月	+Unit 2, Book 1		家人的爱
任务2	2010年12月	+Unit 7, Book 1		关于Mandela的故事
任务3	2011年3月	+Unit 1, Book 2		关于"代沟"
任务4	2011年4月			关于"友谊"
任务5	2011年6月		+中国特色的"高考"	关于"考试／大学"
任务6	2011年9月		+"康菲公司漏油事件"	关于社会事件
任务7	2011年10月		+"地沟油"新闻	关于社会事件
任务8	2011年12月	+Book 3		如何看待生活和工作间的矛盾
任务9	2012年2月	+Book 3		同伴互评习作，关于战争

续上表

各次任务	互动任务时间	以课本内容为基础的话题	以社会事件或新闻内容为基础的话题	各次话题内容
任务10	2012年3月	+ Book 3	+ 雷锋精神	如何看待"向雷锋同志学习"的号召
任务11	2012年5月	+ Book 4		如何与老师沟通
任务12	2012年6月			习作互评，提高写作技能
任务13	2012年6月			关于机器人
任务14	2013年9月	+ How to write a research paper		学术型论文与普通论文的本质差异
任务15	2013年10月	+ How to write a research paper		讨论并判断摘要的基本要素
任务16	2013年12月	+ How to write a research paper		评价一篇学术论文，给出等级和评语

根据任务复杂性、认知假设与学习者的关系（Kim, 2009），为更好地促进学习者语言能力和社会认知能力发展，互动交际任务均采用将综合英语、英语写作等课程内容与语言基本技能和社会现象相结合的讨论，即开放式任务。每次讨论话题不同，由研究者自行设计。为让此种语言实践获得更佳效果，每次互动任务结束后3周内，研究者将根据所收集的语料，针对讨论主题、语言错误、会话技能等在班上进行及时的总结和反馈，以期下次互动任务更好地完成。

生生互动采用两者会话形式，会话对象自由组合，每次约为20分钟，均在课堂内完成。会话期间，研究者（即为课堂教师）在一旁观察、记录。各次各组会话过程均被全程录音，同时教室配有多部摄像机对学生互动情形进行全方位捕捉。在

3年多的语料收集期间,课题组总共成功收集了16次有效课堂同伴互动语料。期间,互动任务内容涉及课文内容或知识回顾、时事新闻探讨、写作技巧提高等。

4.5.2 分配问卷调查

为有助于各研究问题的回答,获得更多的课堂语言学习中社会行为特征的探究及其影响因素,依据本研究理论基础和研究焦点,设计问卷调查(见附录3),并让所有参与者完成问卷以利调查研究。

问卷调查包括三部分。第一部分是个简单的说明,旨在说明问卷目的,同时包括参与者个人信息咨询。第二部分包括17调查项目,包含学习者对课堂语言学习中的同伴互动认知程度,学习者在互动活动中对同伴和教师的期待值,对互动任务的看法,对互动环境性质的态度等内容。第三部分为开放式问题,包含三个问题,旨在进一步了解课堂语言学习者社会行为特征及其影响因素。

问卷调查在互动语料收集过程中的中旬和后期分配给参与者完成。每次问卷调查均在同一时段统一进行,问卷对象为被采录互动语料的参与者。问卷调查发放后,参与者被要求快速阅读整个问卷调查表以检测是否有不太明白之处。学习者完成问卷表后被立即收集以便进一步分析。每次问卷调查时间持续40分钟左右。

4.5.3 实施个别访谈

为了更好地调查课堂语言学习中同伴互动特征、互动功效及其影响因素,在两次问卷调查后,我们分别组织了两次个别访谈。虽然问卷调查为研究兴趣提供了大量重要的相关信息,但也显然存在一些局限性。如:参与者可能未认真地回答所有的问题，填表途中可能误解或误读了一些问题，问卷调查形式可能会影响学习者在某些问题上的看法。为弥补这些不足，半结构式个别访谈由研究者设计并实施。

接受访谈的学习者是从初级学习者和英语专业学习者中随意抽取。为了使得个别访谈干扰因素最小化，个别访谈在自由而放松的氛围中进行。个别访谈共有 8 个问题（见附录4），研究者每次从中抽取 4～5 个问题让参与者进行回答，共 18 人先后参加了个别访谈，所有参与者均能顺利完成访谈任务。所有的参与者都与研究者配合顺利。每个参与者的个别访谈时间约为 10 分钟。

4.6　语料分析模式

本研究中的语料分析工具主要为会话分析，焦点为课堂语言学习中的学习者同伴互动语料的分析，同时辅以问卷调查和个别访谈会话序列。这是因为，在会话分析视域中让语料自己说话比调查说话者讲话的理由更为重要。

因此，本研究语料分析的程序主要分为三部分：学习者互动会话语料的转写，依据不同研究焦点的语料编码，依据各研究焦点对语料的详尽剖析。作为辅助语料的问卷回应和个别访谈反馈的分析旨在进一步探究学习者同伴互动的影响因素。

4.6.1　互动语料的处理

依据第 3 章的有关本研究的会话分析框架（见图 3.1），本研究语料分析包括三个步骤：依据会话分析转写原则对互动语料进行转写；依据各研究焦点，创建不同的语料编码体系；对已转写的互动语料进行序列分析，从不同层面剖析学习者社会行为特征及其本质。

4.6.1.1 互动语料的转写

"会话分析的一个基本宗旨是互动会话分析需要语料的详尽描述,包括常被忽视的参与者的口头和身体语言的成分"(Hellermann,2008:31)。为了更好地理解课堂语言学习中的社会行为特征、学习者互动会话本质及其影响因素,依据 Schegloff(2000)和 Hellermann(2008)的转写规则以及本研究的语料特色,对所收集的课堂互动语料进行转写。转写的焦点在于学习者互动会话言行特征,包括互动会话语码转换特征、互动会话修正特征、互动会话言语产出特征,及其伴随的非言语现象,如手势、面部表情、身体取向以及其他一些细节,如音调、停顿、插话、暂停等(见附录1)。

每次会话任务中每组参与者前 10～15 分钟的互动语料被转写成文字资料待进一步分析。

4.6.1.2 互动语料的编码

依据研究的不同焦点,根据以下步骤对已经转写的互动语料进行编码。

首先,根据不同的研究焦点,将互动语料中的相关语言现象依据其界定进行证实、辨认和分割,如在互动会话中辨认和识别不同的语码转换、四种会话修正类型、启发与重铸、修正输出和非修正输出等不同语言现象。

然后,将被分割的语段,以及其中已辨识的不同语言现象分配给研究团队成员反复探讨、核查和确认,以制定不同的语料编码准则。

最后,经过进一步讨论分类原则,达成统一意见以确保语料编码的效度。

为客观地捕捉和穷尽地剖析课堂语言学习中学习者的社会行为特征,各编码体系借鉴不同的相关研究编制而成,最终建立如"学习者语码转换编码体系""学习者会话修正模式编码体系""学习者失误源编码体系""学习者他人启发修正类型编码体系""学习者言语产出编码体系"等。各类详尽的编码体系将在不同的研究视角中逐一呈现。

4.6.1.3 互动语料的分析

本研究利用会话分析工具对学习者课堂互动语料进行详尽的定性分析，研究焦点在于学习者互动会话过程的各种话语特征。本研究中的所有语料均来自研究团队成员主持的课堂或研究者坚持参与的课堂真实语料，通过录音、录像、课堂笔记等方法获取。对所采集的语料的会话分析旨在对语料的微变化剖析，微变化分析以话轮和序列为单位，强调纵向型研究，探究学习者在语言实践社区的知识构建和社会关系特征。

在分析框架之内，课堂语言学习中的互动会话语料分析焦点集中于以下部分：学习者社会行为特征，如语码转换特征、会话修正特征、互动言语产出特征等；学习者社会行为特征在语言层面、认知层面和社会层面的本质等；学习者社会行为特征对语言实践的影响；学习者社会行为特征对语言习得、认知构建和社会行为等方面的影响。

为更好地观察和调查课堂语言学习中的社会行为特征，本研究运用会话分析技巧对语料进行详尽分析，旨在对课堂语言学习中的社会行为特征进行全方位、多层面的研究，从宏观和微观的角度探讨外语学习者同伴互动模式、互动功效和影响互动模式的各种因素。同时兼以定量和定性分析相结合的技术路线对互动数据进行统计分析，对个别访谈和问卷调查进行定性分析。

4.6.2 问卷回应和访谈回馈的分析

问卷调查与访谈常常结合在一起，问卷调查能够对大范围大样本的学习者展开研究，访谈能够对个别学习者深入了解。

将所有参与者的问卷回应依据各研究中心的关键词进行检测，然后进行编码分类。主要的研究焦点集中在学习者的互动话语特征、互动情感、对互动任务的观点态度、互动任务完成中对同伴和教师的期待值等。问卷调查的回应结果主要用于进一步调查和理解语言学习过程中的社会行为表征，及其对语言实践的影响。

如同问卷调查回应结果一样，参与者个别访谈反馈结果也被用来作为辅助资料，进一步探究学习者互动特征、对语言习得和认知发展历程的影响，同时用来进一步说明学习者社会行为的影响因素。参与者的访谈结果首先被记载下来，接着依据不同研究焦点问题进行概括总结。访谈反馈结果和问卷调查回应结果都将在本研究的讨论部分进行阐释。

4.7 小　　结

本章对本研究中的方法框架进行了详尽描述。研究的重要性，研究问题和研究思路首先被特别强调。然后，对本研究背景和研究语料的收集程序进行了详尽介绍。最后，对本研究的语料分析模式从互动语料的处理、问卷回应和访谈反馈的结果等层面进行了一一详尽的描述和说明。

多源语料的调查和收集旨在更好地探究我国外语环境下学习者同伴互动过程中的社会行为特征及其对学习者语言习得、认知发展历程和社会环境的影响。在自然课堂环境中所收集的学习者互动会话语料被用来作为本研究的主要研究；互动语料收集中期和后期的个别访谈和问卷调查语料作为辅助语料，以进一步剖析学习者互动特征及其影响因素。学习者互动会话语料、个别访谈回馈和问卷调查回应都将在社会文化和社会认知理论框架下进行剖析。

第 5 章　结果与讨论：互动会话语码转换特征

5.1　引　　言

本章基于会话分析研究框架，对我国外语环境下课堂语言学习过程同伴互动中的语码转换现象进行调查和分析，重点研究初级英语学习者语码转换在完成不同类型口语交际任务中的频率和功能。同伴互动中的语码转换可视为一种话语、认知、交往策略，涉及异性交往技巧、话语标记语、修正等多种功能。因此，适度使用语码转换有助于培养外语学习者的学习兴趣，提高其认知思维能力，加强学习者之间相互协商、共同合作的精神。

基于会话分析研究框架，借助 Gumperz（1982）的语境化提示（contextualization cues），参考黄国文、王瑾等的相关研究（2006，2004），我们对一组高中学生同伴互动中含有语码转换的语言片段进行定量和定性分析，特别关注语码转换与不同类型任务间的关系以及语码转换在生生互动中的目的和功能。

5.2　语码转换研究回顾

语码转换是指双语者在同一话轮或不同话轮中对两种语言

进行交替使用的双语现象或双语言语行为（Auer，1998）。相关研究表明，互动语境中的语码转换是一段会话或话语中两种语言或语言变体的系统轮换，是持双语者言语的一个特征而不是一种语言或另一种语言能力缺陷的标志（Li，2000：17），它既具有与语篇有关的功能（discourse-related），又具有与参与者相关的功能（participant-related）。

近年来，有关课堂语码转换的研究涉及了教师和学习者使用语码转换的表征、语码转换与思维能力、交际能力、二语能力的关系等（Hobbs, Matsuo & Payne，2010）。其中，对教师使用语码转换的各种功能大多予以肯定，但对学生互动中的语码转换功效却存有争议。有些学者仍坚持在外语课堂中不说母语只说目标语的重要性（Clyne，2004；Macarco，2001），认为学生语码转换按课程要求来说是不合格的语言、是不被教师注意的、非记录在案的话语（Bannink & Dam，2006；Hancock，1997）；若被教师注意，也常被认为是完全离题的、甚至有害习得发展的内容（Dasilva, Iddings & McCafferty，2007）。

更多学者对以上观点提出了质疑，认为语码转换是语言教学和学习的一种至关重要的交际手段（Cook，1991，2001；Turnbull，2001）。Anton（1999）发现学生在协作完成任务中母语的使用具有社会和认知功能，母语既是学生之间，又是学生个体内部的一种有力调节工具。Mori（2004）描述了学习者在同伴互动中可以通过语码转换完成话轮替换（turn-taking）、合意或认同指示（preference & marking）、修补（repair）和旁岔序列划界（bracketing side-sequences）等语篇组织功能来创造语言学习机会。Liebscher 等（2005）发现，小组讨论中，语码转换是学生弥补二语表达能力不足的备用方法，能使话语的交际意义更加明了，也能强化学生对自己行为和集体一员的认识。Ellwood（2008）通过对不同母语背景学习者的互动分析，发现语码转换可体现学生想圆满完成任务、盼望获得更多知识、成为优秀生的渴求，教师应对生生互动中不同类型语码转换加以关注。同时也发现，学生互动中的语码转换更多具有与语篇有关的功能特征，有别于教师对语码转换的使用。

另有学者从不同视角分析讨论了话语交流中的语码转换对促进思维扩展、提高交往能力、获得学习机会等方面的效果。如 Colina 等（2009）从认知角度肯定了母语在促进二语学习者互动任务完成中的积极作用；Martin-Beltran（2010）用社会文化理论分析了二语互动中两种语言是如何转换、合作，共同成为思考的工具和分析的客体；Creese & Blackledge（2010）则从语言生态角度分析了母语和二语的共同使用更能促进课堂知识的获得和学习者自信心的增加。

国内的语码转换研究起步于 20 世纪末，大多属于文献类和理论类研究（如许朝阳，1999；刘正光，2000；于国栋，2004；王瑾、黄国文，2004），关于二语课堂中汉语与其他语言之间语码转换的实证研究也逐渐增多（如陈立平，2004；高军、戴炜华，2007；钱晓芳、田贵森、王强，2009），但大多研究集中在教师话语中的语码转换，而对学习者同伴互动中的语码转换行为很少关注。

那么，在以汉语为母语、英语为外语的课堂，学习者在完成教师布置的口语互动任务中是否会存在语码转换现象？如果有，会呈现何种特点？有何目的和功能？与学生的外语能力发展有何联系？

5.3　研究内容

本节主要对课堂语言学习中互动会话语码转换特征的相关研究事项进行逐一说明，包括具体的研究问题、研究对象的具体情况、研究语料的来源和内容、研究语料分析的具体步骤等。

5.3.1 研究问题

针对上述研究局限性，本研究从二语习得会话分析视角对英语课堂上学习者口语互动中的语码转换现象进行跟踪调查和详尽的定性分析，旨在了解语码转换在不同任务类型中的使用情况、目的及其在语言习得和认知发展等方面的功能。具体来说，本研究拟回答的问题具体包括：

(1) 不同类型口语互动任务中语码转换出现的频率及特征是否有异？

(2) 学习者互动能力发展中语码转换的频率及特征是否有异？

(3) 语码转换在口语互动中具有哪些目的与功能？

(4) 任务类型、互动能力与语码转换功能具有何种关系？

5.3.2 研究对象

为更好地揭示课堂语言学习中学习者语码转换的话语特征及其对语言习得历程的影响，我们以一组高中学生为研究对象，对其课堂互动任务完成中的互动语料展开了纵向收集和相应剖析。来自4所省、市重点中学的20名高一学生参与了"互动会话语码转换特征研究"，其中12名女生，8名男生，互动任务训练期为高一至高二阶段。除3名学生外，其他同学均从初一起一直参与某英语辅导班学习，彼此相当熟悉。所有同学所在中学均要求学生在高一或高二阶段参加全国公共英语等级口语测试的二级（PETS2）和三级（PETS3），以获取高考英语口语测试成绩。PETS2和PETS3口语测试中均含有学习者之间互动的重要环节，其中PETS2中的互动任务为依据汉语提示词来组织会话，而 PETS3 中的互动任务为依据所提供的图片情境组织会话。因此，所有同学都能认真对待课堂上教师组织的相关练习，并能认真完成每次课堂互动实践。可以说，大多学生了解生生互动形式，具有生生互动意识。

5.3.3 研究语料

考虑到任务复杂性、认知假设与学习者的关系（Kim, 2009），本研究在不同的教学阶段安排学生在课堂上就卡片提示型和图片分析型任务进行口语互动。其中，卡片提示型任务要求学生根据两张卡片上的提示词进行会话，基本能根据提示词进行问句和答句的翻译，不需过多推理；图片分析型任务要求学生根据图片内容及提示词进行会话，语境虽较明确，却需要判断和推理（见附录2）。

语料收集过程中的生生互动采用两者会话方式，但每次会话对象有所不同，完成卡片型任务（A型）为10分钟左右，完成图片型任务（B型）为15分钟左右。期间，研究者在一旁进行现场观察与记录。穿插在课内进行的会话任务持续6个多月，第一个月为两种任务的热身实践，因学生对录音、录像不太适应，弃用此部分语料。从第二个月起，有规律地进行两种任务训练，第二、三月进行第一种任务，约每20天进行一次语料收集；第四、五月进行图片型训练，语料收集次数和前同；最后一个月同时进行两种任务的训练，各收集语料一次。整个会话过程被录音，同时教室前后各配有摄像机对学生的互动情形进行全方位捕捉。

5.3.4 语料分析

根据录音录像材料，结合课堂笔记对语料进行文字转写。同时，为保证时间长度的一致，笔者把语料转写的时间长度定为每小组前 8 分钟。利用电脑中 word 文档工具找出英语和汉语数量，再按照两种任务类型、完成任务时间进行语料的分类整理。

对学习者在完成两种类型互动任务中的语码转换出现总量和频率分别进行跟踪统计，以分析不同类型任务中语码转换的不同特征以及学习者互动能力发展中语码转换的不同特征。同时，对同伴互动语码转换的功能进行归类，以探究任务类型、互动能力与语码转换功能的关系。

5.4 研究结果与讨论

依据 5.3.1 中的研究问题，关于课堂语言学习中学习者语码转换研究结果的分析将围绕以下几方面展开：① 不同类型任务中的语码转换频率及特征；② 学习者互动能力发展中的语码转换频率及特征；③ 互动能力发展中两种类型任务完成时的语码转换功能，及其与任务类型、互动能力的关系。

5.4.1 不同类型任务中语码转换频率及特征

表 5-1 显示，两种类型共 8 次互动任务完成中均明显可见语码转换现象。从录像资料和观察笔记可见，学生同伴互动气氛轻松愉快，遇到言语表达不畅、情感表达不准确、信息内容表达有误等语境时，常借助汉语使交流不中断，信息更完善。

A 型任务 4 次完成中的语码转换频率都明显低于 B 型的 4 次任务。课堂训练中虽然安排学生完成 A 型任务的时间早于 B 型任务，这是由于此任务语境较为清楚，要反映的信息内容较明确，无需太多联想或推理，只需按中文提示词进行简单的问答对话。6 轮问题中大部分都是 what, where, when, how, who

等问句形式（见附录2），句法结构较单一，需描述、讨论或推理的认知因素成分少，产出的英语词句也较少。因此，作为搜词、修正、协商、答疑等功能的副语言形式的汉语也较少，而且随着练习次数的增多，语码转换频率逐渐降低，英语表达也逐渐流畅。特别是最后一次任务完成中，语码转换频率最低，此时学习者已非常熟悉此种任务的表达，作为元语言功能的语码转换行为很少，不多的语码转换形式也多集中在对字词的搜索方面。

相对而言，学生完成B型口语任务时英语输出总量增加，语码转换频率也随之提高，而且它没像有A型任务那样随着训练时间增多而语码转换减少，如第三次的语码转换频率相应最高。这是因为，此种题型要求更广的扩展性思维，不仅要对图片作详细描述，而且还要深挖隐含之意、揭示社会现象，这种讨论、决策型任务需要学习者使用更长的话轮和复杂的语言结构（Nakahama, 2001），具有一定难度和复杂性。

表5-1 两种口语互动任务中语码转换频率对比

类型/次数	时间	单词总数	英语词数	汉语词数	语码转换所占的百分比（%）
A型第1次	第2个月初	1081	853	228	21.1
A型第2次	第3个月初	1007	862	145	14.4
A型第3次	第3个月底	1012	903	109	10.8
B型第1次	第4个月初	1496	1004	492	32.9
B型第2次	第5个月初	1536	1115	421	27.4
B型第3次	第5个月底	1978	1321	657	33.2
A型第4次	第6个月底	998	931	67	6.7
B型第4次	第6个月底	1973	1392	581	29.4

而"任务复杂性"的构建一直被定义为任务序列保证，影响任务完成、互动总量产出的一个重要因素（Robinson，2005，2007；Skehan，1996）。"任务复杂性"以及对认知和语言要求的提高促使英语学习者对语码转换的依赖，许多学生描述图片后就感觉无话可说，或想说却难以用英语正确表达，或是因双方对话题隐含意有不同认知理解而展开争论，此时往往用汉语来完成交际。

5.4.2 互动能力发展中语码转换频率及特征

由表5-1可见，随着两种互动任务训练的多次进行，互动任务完成中英语表达词数逐渐增加，学习者互动能力随之逐渐提高，但其语码转换规律在两种任务完成中却不尽相同。

A型任务中，随着练习次数的增多，学习者对句式规律逐渐熟悉，其英语表达也逐渐流畅，语码转换频率随之降低，从最开始的21.1%到最后一次任务中的6.7%。显然，反复训练后，学习者已非常熟悉A型任务的表达，除偶尔对偏词、难词的搜索外，几乎不用借助汉语就能顺利完成互动任务。

相对而言，在较为复杂的B型任务中，语码转换频率都较高，且不像A型那样逐渐降低，而是时高时低，似乎没有什么规律。例如，4次训练中语码转换频率最低出现在第2次任务完成中，而最高则出现在第3次任务完成中。这也许是因为，相对高一、高二学生水平来说，此种题型需关注的信息内容较丰富，学习者需承受的信息传输压力过大，而造成不得不依赖母语力量来弥补其有限的英语水平。但随着多次训练，学习者语码转换功能表现有所改变。如，单词搜索、偏误纠正功能在A型任务和B型任务最初中较为常见，但随着学生能力的发展和英语水平的逐渐提高，这两种功能明显减少。相反，语码转换更多地聚焦在信息内容、意义磋商、交往互动等元语言评价功能上,也造成出现频率在一定程度上的提高。

5.4.3 各类型互动任务语码转换的功能特征

学习者语码转换功能的分析将结合不同任务特征和任务完成不同阶段特征,从语言习得和会话交往两方面展开。

5.4.3.1 语言习得功能

学习者语码转换的语言习得功能可以从三方面体现出来,即语码转换的"单词搜索"功能,语码转换的"偏误修正"功能和语码转换的"身份展示"功能。

语言习得功能之一:单词搜索

同伴互动完成 A、B 两种类型口语任务中最常见的语码转换形式是"单词的搜索"。任务完成过程中,学习者常因词汇困难而中断交流,此时他们或凭着自己的理解用其他词替代或求助同伴或工具,直到找到最合适的词汇,而语码转换往往发生在这部分旁岔序列中。

如下面节选的 5.1 语段,学习者正在完成 A 型任务,标题是"演讲",关于一位来自香港的生态学家来校做生态保护演讲,原则上要求两者互相不能看对方卡片上的提示词。

会话中,当 Jojo 回答 Susan 关于演讲内容时遇到了词汇"生态保护"的困难(第 8 行)。她首先用环境保护一词来回答,但立马意识到表达不妥,连用两个"no"和一个"not"进行了自我否定,并再一次强调不是环境保护(见第 9 行)。接着,第一次语码转换出现。她用汉语小声嘀咕着她的思索来暗示她遇到了认知困难,"怎么说呢?嗯……"(第 11 行)。这样的"私人言语"(private speech)(Thorne & Lantolf, 2007)有助于她头脑的思索活动,表明她在努力挣扎,想在头脑中搜寻词汇的表达。于是,她根据自己的理解,用其他简单的词、句进行解释,力图使对方明白她的意思。

节选 5.1

1	Susan:	Hello. Good afternoon.
2	Jojo:	Hi. Good afternoon.
3	Susan:	It's said that there's going to be a lecture next Saturday.
4	Jojo:	Yeah. I knew.
5	Susan:	Then, who will give us the lecture?
6	Jojo:	A:, a::: ((皱着眉头)) ((突然舒展)) a professor from Hong Kong.
7	Susan:	What's it about
8	Jojo:	Mm (0.2) It's about the importance of protecting the environment, no, no:
9		((急促地说着,不好意思笑笑)) No, not environment, [the::
10	Susan:	[what? ((眼睛盯着对方,很困惑))
11	Jojo:	【怎么说呢?嗯::】(0.3) ((她小声嘀咕着,很为难的样子))
12		Mm:, I mean (0.1), protect all
13		the plants and animals. Yeah, the importance of protecting the lands, the animals,
14		not only the: the: the environment
15		Do you know? ((望着对方))
16	Susan:	not the environment?
17	Jojo:	【哎呀,就是生态保护。怎么讲吗?】((一边用中文解释,一边将卡片拿给对方看))

18 Susan:	【生态保护？嗯，我也不知道。】　（（不好意思地笑笑））	
19	【那快查查吧】　（（拿出手机，快速查找））	
20 Jojo:	oh, e‑co‑lo‑gy, e‑co‑lo‑gi‑cal,【那生态保护应该是：】[ecological protection	
21 Susan:	[ecological protection	
22 Jojo:	So, the person, is, ecologist（（眼睛仍盯着手机））　an ecologist from Hong Kong.	
23 Susan:	Oh, yes, that's right. It's a lecture about eclolgical protection.	

……

但 Susan 显然不明白，Jojo 再次解释，并用 Do you know? 追问，可对方还是不明白（第 16 行）。无耐中，Jojo 只好求助汉语，第二次语码转换出现："哎呀，就是生态保护。怎么讲吗？"（第 17 行）。Susan 终于明白 Jojo 要说的是哪个词，可她也找不到恰当词，只好通过汉语建议借助工具来找到相应英语单词（第 19 行）。

最终，他们找到 ecology, ecological, 并由此推出 ecological protection。而且，Jojo 还对之前的表达 a professor from Hong Kong 主动进行了自我修正（第 20 行），进一步证实了她对 ecology 的理解，而 Susan 的肯定回应也展示了她对新词的接受（第 21 行）。这种对新词的 "搜索→运用→吸入（intake）"，是语言发展中的一个重要步骤（Gass & Selinker, 2001；Mackey, Oliver & Leeman, 2003），它不是对新词的简单接受和使用，而是通过会话互动逐渐领会和获得（appropriate）新知识的体验，有效地促进二语的发展。

当然,关于语码转换的单词搜词功能也有不成功的例子,如下例节选5.2属于 A 型任务的一次语料,Katrina、Anna 两女生正在进行标题为"展览会"任务的最开始阶段。

节选5.2

1	Katrina:	Hi. How are you?
2	Anna:	I'm fine. And you?
3	Katrina:	Fine, too. There's an exhibition now, do you know?
4	Anna:	Yes.
5	Katrina:	Could you (:), could you (0.3) ((眼睛望着对方))
6	Anna:	What? ((眼睛也望着对方))
7	Katrina:	Could you【提供,提供】 ((声音很低,好像怕老师听见,但很认真地,同时眼睛急切地望着对方))
8	Anna:	haha ((望着对方认真劲,爽朗地笑着,一边摇着头))
9	Katrina:	Mm, Could you : me some information about it? ((语速非常快地、眼睛仍望着对方))
10	Anna:	OK. It's my pleasure.

在节选5.2中,当 Katrina 要 Anna 给她提供一些关于展览会的信息时,想用 provide 一词来表达,再三犹豫还是记不起"provide"一词,只好转用汉语向对方求助(第7行),可没有收到反馈(第8行)。此时,也许是刚开始会话,不想中断

交流，也许是"提供"一词并不是卡片上的提示词，认为并不重要，Katrina 没再进一步搜索此词，而是"巧妙"地采用避免此词的办法，回到原会话序列中（第9行），而且似乎此招完全被对方接受，两人开始了正题。此例中的语码转换本应是"搜词"目的，可最终未能成功，不过尽管如此，对整个会话交流并没有造成不利。

语言习得功能之二：偏误修正

生生互动中语码转换明显还具有"修正"功能，即会话一方对另一方不正确的表达进行补充、指正时启用语码转换，这在许多文献中均有记载。在节选5.3中，Cindy（女）和Kim（男）正在完成 B 型任务，题目为"Do you feel pity for the little boy?"图片描述一孩子一周内的"辛苦"生活，特别强调了孩子在爸爸、妈妈陪伴下参加各种课程辅导的情况。这种讨论题型要求不仅对图片进行描述，还应对独生子女教育问题进行探讨。此类型会话任务显然需要双方具有较强的认知能力、较好的思维扩展性以及较强的英语表达能力。因为难度的加大、男女生认知思维的差异，协商、辩解、修正话语表达或主题意思等语言片段明显增多，语码转换频率也随之增大，如节选5.3。

在节选5.3的第2行，Kim 听出了 Cindy 在上一轮话轮中的错误，并给了了修正，可 Cindy 没注意，仍继续她的话语，Kim 只好中断她的话借用语码转换强调了对偏误内容的修正（第4行），这次终于引起对方注意，并得到对方的首肯。这种借助语码转换对话语信息进行修正是课堂生生互动的一种常见现象，也是区别口试生生互动的一个显著特征。笔者认为，正是生生互动的宽松氛围促进了学习者对语言表达准确性的追求。不过，这种修正更多地关注信息内容和词汇运用偏误，很少有对语音正确与否提出质疑。

节选 5.3

1	Cindy:	Look. There are four people in the picture.
2	Kim:	five people
3	Cindy:	A little boy, his mother, father, ［grand … ((眼睛盯着图片))
4	Kim:	［【5个呢】 ((眼睛盯着图片))
5	Cindy:	Oh, sorry, five people. ((不好意思笑了))

另外，语料中还有一种修正现象也值得一提。仍是上面这组学生，会话即将结束时，Cindy 先就最后一幅小图，即孩子周末的生活进行描述，然后总结全文。

节选 5.4

……

21	Cindy:	Even on the weekend, he had to have many classes.
22	Kim:	En.
23	Cindy:	On the morning, he went to English and Chinese composition classes.
24		In the afternoon, he had to practice playing the violin, and in the evening,
25		he had to learn math from his father. So, I think I really feel pity for him. Yeah? ((眼睛望着对方))
26	Kim:	((眼睛没望着对方，而是盯着卡片，突然，嘿

嘿地笑着))
27　Cindy：　【你笑什么？】（（很纳闷地盯着Kim））
28　Kim：　（（嘿嘿，继续笑着））【他爸爸好像比他更可怜】
29　Cindy：【哈哈】　（（望着图片，似乎也意识到什么，一起大笑起来））
30　　　　【你爸爸也这样吧】　（（望着对方））
31　Kim：　Mm…　（（仍望着图片，仍轻轻笑着））

此组图片主题意思是描写孩子的"可怜"（因上课多，太辛苦），可孩子爸爸那高瘦而戴着深度眼镜的身影却伴着孩子多次出现：爸爸"搬着"厚厚书籍送孩子上学、放学，陪练小提琴，深夜辅导孩子学数学，等等。这也许给Kim留下太深刻印象，让他认为，与其说孩子可怜，倒不如说爸爸更可怜（第28行）。此处的语码转换给我们传递了这样的信息：男生Kim的认知能力让他对图片有了不同的理解，也许是想到了自己的爸爸吧，他似乎对图片中父母对子女的付出更感兴趣，而且他的想法也感染了对方（第30行），他们似乎想沿着它谈下去。此现象在以往的会话修正序列中的语码转换功能分析（Li & Milroy, 1995）中没被提到。

利用图片进行口语会话或书面写作是目前很常见的一种教学或测试手段。多模态话语分析理念认为，它能促进视觉、感观，更有利于学生习得。可笔者认为，如果媒体不适当、主体不突出，容易让学生偏离主题，关注其他次要方面。但另一方面，因学生个体存在思维能力差异，特别是不同性别间差异更大，对同组图片有不同理解、不同认识应该很正常。因而，如何理解和评价学生任务完成中的"偏题现象"，值得探讨。

语言习得功能之三：身份显示

在节选5.5中，两位学习者正在完成B型任务的第三次语料收集过程，互动任务内容是围绕一幅图展开讨论。

节选5.5

1	Amy:	Hello. Good morning.
2	Ted:	Hello. Good morning.
3	Amy:	It's a fine day, isn't it?
4	Ted:	Yes, a fine day.
5	Amy:	OK. Let's try to describe the picture, OK?
6	Ted:	Mm. You first, please.
7	Amy:	Mm, there are two men in the picture, yeah?
8	Ted:	En. The tall man is wearing a long, (0.2) a long coat, he's making a speech. ((眼睛望着对方，示意她接话))
9	Amy:	It seems that he's a great leader, and another short man is a worker with::: ((眼睛望着对方，似乎想求助))
10		((见对方没接话，突然转为汉语))【怎么说呀？我不知道说了】
11	Ted:	【哈哈，我也是】
12	Amy:	【这么难，写都难写，还要我们马上说出来】
13	Ted:	【就是，她以为我们是她呢】((一边说着，一边偷看了一下老师))
14	Amy:	【哎，听一下别人的吧】
15	Ted:	【嗯，不错】

此任务是依据一组图片进行讨论话题。图中画有两位人物，一位高个穿着长袍，手中拿着一份"廉政"字样的手稿正对着话筒讲话，他身后的矮个左手拿着扫帚，正躬着身子，右手轻轻掀开前面那位的长袍，被掀开的长袍下藏着许多人民币。这个任务相对高一生来说确实有点难度，因为图片描述中会遇见词汇搜索、肖像描写、人物神情刻画等困难，同时任务还要求就所揭示的社会现象进行剖析和讨论，更增加了表达难度，这也是该次任务完成中语码转换频率颇高的原因。节选5.5 中 Amy 是女生，Ted 是男生。

　　上例语言片段中，很明显，在前8行，两人会话非常流畅，因为会话的开头都是些互相问候语和图片描述开场白的套话，经过多次训练，大家对此非常熟悉。可在第10行，准备切入关键的正题时，Amy 突然中断英语，开始了汉语，而且很快得到了 Ted 的附和，就这样两人进行了6个话轮的汉语会话。这段语码转换证实了 Ellwood（2008）明显的"优秀生身份"观点，它既不属与话语相关的转换，也不属与参与者相关的转换，而是与身份相关的转换（identity-related codeswitching），表达了学生因自己英语知识水平缺乏而无法顺利完成任务的那种焦急和挫败感，以及想通过各种努力来完成任务的渴求感，虽然方法好像不恰当（14—15 行）。当然，任务设计者确实应该注意任务复杂性与学习者外语水平的关系，以求更好地挖掘生生互动功效的潜力。

　　但下面的节选5.6则属于另一种"身份展示"实例表现。此案例中的"身份"含义是不同于节选5.5中的相关词汇的。

节选5.6

1　Cindy：　　Although the parents did a lot for the child, he

		couldn't do well in his lessons,
2		which is, is (0.1)
3	Kim：	【恨铁不成钢】

很明显,在节选 5.6 中的身份显示含义不同。Kim 的语码转换不仅替 Cindy 准确地表达了意思,而且也显示了自己的汉语功底身份。这种案例在日常汉语会话,特别是年轻学生和白领阶层很常见,如"这只是一个小 case""她穿得很 sexy 呢""她好像不太会 make up 哦""一切都 OK 了"等等。

5.4.3.2 会话交往功能

对学习者课堂互动语料的详尽分析,我们发现语码转换话语除具有语言习得功能之外,还明显具备"会话交往功能"。会话交往功能可具体表现为话语标记语功能、异性间的沟通互动功能以及强化语境功能等。

会话交往功能之一:话语标记语

我们所收集的课堂语言学习同伴互动语料中,常见一些如 OK,yeah,well,I know,I think 等话语标记语,它们在会话中起着不同的作用。有趣的是,我们也常见一些如"嗯""对""哪里""好了""行了""哎呀",甚至"讨厌""宝气""宝贝"这样的汉语小词,在会话中往往起到提示问题、同意看法、转折话题、鼓励同伴、表达情感等多种功能,笔者把它们归为话语标记语一类。下例中,Nick 与 Vivian 在进行同上例一样的话题任务。图片描述完后,双方在进一步对孩子戴眼镜现象进行探讨。

节选 5.7

……

7	Nick：	If the little boy doesn't (0.1), didn't (0.2), needn't do these things (0.3)
		（（语气显然呈犹豫状，眼望着对方，似乎在期待着对方的肯定或否定反应））
		（（见对方没有反应，他接着说））
8		he needn't wear the glasses.
9	Vivian：	【嗯，对。】
10	Nick：	And he will have some time to play basketball, swim and so on.

……

在第 7 行条件句表达中，Nick 想用虚拟语气来表达他的意思，但由于高一阶段刚接触虚拟语气，他显然没能很好掌握它的用法，尝试几次仍没能正确使用。虽然这其中他想得到对方的帮助，可没成功，只好凭自己的理解继续主句部分。虽然主句部分的虚拟语气仍有错，但并没妨碍 Vivian 的理解，这可从她的"嗯""对"这两个汉语小词看出（第 9 行）。这两个小词还可传递这样的信息：她完全明白 Nick 话语的意思，并且鼓励他继续话题。显然，有了这种鼓励，Nick 能很流畅地接着他下一话轮的表达（第 10 行）。这种相互支持是生生互动成功进行的很重要元素。

下例节选 5.8 中的"好了"则目的不同。Cathy 和 Bob 在完成 B 型任务，内容与"汶川地震"有关，组图下方给出了如 earthquake, victim 等词。当时，两人在讨论地震带来的灾难。当 Bob 问到地震受害人（victims）的数量时，两人开始对"victim"的真实意思产生了分歧，Cathy 坚持认为 victims 既包含已逝去的人也包含受伤的人。无奈中，Bob 只好启动语码转换（第 9 行），把 Cathy 硬拉回主序列。

节选 5.8

1	Cathy:	So, it's really terrible.
2	Bob:	How many victims were there together?
3	Cathy:	It's reported that more than 50,000 people died.
4	Bob:	No, I ask you about the victims (0.2), the victims mean the dead people?
5	Cathy:	No. Victim means the dead and the injured.
6	Bob:	Mm, it's the same.
7	Cathy:	<u>No, I think victims should contain the dead and the injured</u>, so, perhaps
8		the number of the victims is larger [than 50,000.
9	Bob:	[【好了，好了】(0.1) Mm, mm,
10		how many school buildings were destroyed?

此例中语码转换的"好了"用法证实了 Mori（2004）的调查：会话中一方为了语言表达中的准确性还在旁岔序列中继续追求证实，另一方却急着回到主题。有趣的是，正是那个引起旁岔序列话语的人最终却想急着回到主题。

不过，这两例中的语码转换话语也暴露出学习者英语表达能力和交际能力较弱的特点，两处中的汉语小词完全可用一些常见的英语话语标记语，如 well, I see, I mean 等表达，完全不必转向汉语。如何提高中学英语学习者基本会话表达技能，如何帮助他们在口语互动过程中获得更多语言知识,亟待我们去解决。

会话交往功能之二:异性间的沟通互动

语码转换异性交往技巧也值得一提。下例中 Katrina 为女生,Bank 为男生,两人英语成绩及表达能力在所接受调查的 20 名高中生中均属优秀行列。下例是他们在进行"汶川地震"会话任务时谈到社会对汶川的支持和捐助的内容。

男女生组对会话中,女生表现更活跃、强势,偏好争夺话语权是本次课堂互动语料收集中的一种普遍现象。当男生发表自己不同意见,或就自己观点进行阐述时,因意见不一致,女生往往会凭着她们的高音调、快语速抢夺话语权,而男生往往会很"绅士"般地谦让,如节选 5.9 中第 10 行的汉语表达"你讲,你讲……",明显可见男生 Bank 的无奈。有趣的是,在笔者收集的有关相似对象日常汉语会话中"打断"现象语料中也具有惊人的一致性,这也许是男生在异性会话中特有的交往互动技巧吧。因为,我们发现,男生同性会话中,几乎很少有此种语码转换功能出现;而且,同一男生在同性会话中话语产出量明显高于异性互动。笔者认为,此种转换不属于与话语相关的转换(discourse-related switching),而属于与参与人相关的转换(participant-related switching),但它又不同于课堂师生互动中的与参与人相关转换,因为它是针对参与人性别而不是其水平的转换形式。

节选 5.9

……

5　Katrina:　The whole country, no, the whole world offered their support to Wen Chuan.

6		Do you think so? （（眼睛望着对方，显然要求对方接话））
7	Bank：	Many people donated a lot to them, ⌈ including… （（因话被 Katrina 抢过去，望了一下对方））
8	Katrina：	⌊many famous people, such as film stars,
9		pop singers （（打断对方，抢过说话权））
10		Yeah? （（眼睛望着对方））
11	Bank：	Mm, many sports stars donated much, such as Yao ming,
12		Liu ⌈ Xiang
13	Katrina：	⌊And, and, there're many foreigners… （（女生又一次急急地打断对方））
10	Bank：	（（因自己还未说完的话再次被打断，很无奈地望着对方说））【你讲，你讲……】

……

还有一点有趣的是，这里的"你讲，你讲"不是用普通话说出来的，而是启用长沙方言。说话人也许认为方言更能强调自己的"无奈"以及"好男不跟女斗"的心境吧。在进行语料分析时，笔者发现，生生互动会话中的语码转换除"英语⟵⟶汉语普通话"转换，还出现了"英语⟵⟶汉语方言"和"汉语普通话⟵⟶汉语方言"转换。英语课堂中学生语码转换一般都是普通话形式，那么汉语方言转换具有何种动机和功能，这也值得我们进一步探究。

互动交往功能之三：强化语境

为促使互动会话的顺利进行，促进互动双方的情感沟通，学习者在互动过程中还常常利用语码转换形式来表达强烈情感，强化语境，渲染场景，促使互动双方更投入话题的讨论。

在节选5.10中Illidan和YY正在进行汶川大地震的相关话题讨论。话题讨论中两人很容易回忆起当时汶川地震后的许多恐怖场面。

节选5.10

……

11	Illidan：	It's terrible. (0.2)【就像电影《2012》那么恐怖，你看过没有？】((眼睛望着对方))
12	YY：	Mm. ((脸上立马紧张，仿佛真地回到了电影《2012》中的恐怖场面))　really terrible.
13	Illidan：	So …

……

在对地震恐怖场面描述时，Illidan认为，一个英语单词terrible远远不足以表达当时的情境，为达到场景渲染效果，也为引起同伴的回忆和共鸣，他转而使用汉语提醒对方是否已看过影片《2012》。语码转换在此可视为Illidan所使用的一种策略，旨在借用以恐怖场景而著称的《2012》大片来刻画世界即将毁灭的恐怖场面（第11行），以达到引起对方共鸣、共同展现汶川大地震发生后的悲烈场景的效果。事实证明，此种策略确实成功地、迅速地把YY带入了那悲惨的场面，这可从YY听后脸上露出紧张表情，以及随后的话语really terrible来得知（第12行）。可见，此处的语码转换很好地起到了加强话语"语境化"效果，更好地让会话双方融入了话题的表达。

5.5 小 结

本文通过对一组以汉语普通话为母语的高一进高二英语学习者课堂生生互动中语码转换语料的定量和定性分析,发现学习者在完成较简单口语任务时语码转换频率明显低于较为复杂的口语任务,英语表达更顺畅,但产出的语句结构单一,不利认知思维能力扩展训练;完成较复杂任务时,虽然语码转换频率增高,但明显有助学生英语产出量增大、互动交往能力增强、认知能力提高。生生互动两类口语交际任务中的语码转换既具有语言习得功能(如单词搜索、偏误修正)、话题管理功能(如标记语作用、加强语境效果),也具有交际功能(如身份显示、异性交往技巧)。生生互动中,语码转换的适量使用有助于培养和加强学习者学习和思维的好习惯,同时促进学习者互帮互助、共同合作的精神。当然,我们此处只是强调对汉语的适量运用,毕竟,很抓语言基本功、增强语言输入、培养学习者必要的交际策略是促进学习者二语习得发展的必备手段。同时教师在组织口语活动时,应根据学习者二语水平控制好信息传输压力,以帮助学习者在口语互动中逐渐获得语言知识和技能。

本研究所涉及的样本数量有限,且有关数据仅来自一组学生8次语料,难免有挂一漏万的现象。此外,本研究分析的客观性也有待进一步验证。这些不足将在以后的研究中不断克服。

第6章 结果与讨论：互动会话修正模式特征

6.1 引言

基于社会文化、社会认知理论以及二语习得会话分析原则，本章从课堂语言学习中学习者同伴互动会话时不同类型修正模式特征和会话他启修正特征来探究课堂语言学习者社会行为特征及其对语言习得、认知发展和互动环境的影响。本章着重讨论"互动会话修正模式特征"和"互动会话他启修正特征"。

基于会话修正有助于语言习得的理念，课题组研究了英语课堂同伴会话中的会话修正特征及其对语言习得的影响。同时，基于会话修正模式结果，我们对互动会话他人启发修正模式特征进一步探究，重在发现他启频率特征、他启失误源特征和他启修正产出特征及其对语言实践的影响。对课堂语言学习中生生互动会话修正模式特征的探析发现，会话修正在课堂语言学习中是极其普遍的现象，尤其是自我引发的自我修正。但是，他人启发自我修正话语也时常出现在互动环境中，常因同伴的启发支持而完成修正行为。可见会话修正可作为一种会话机制，是会话互动者为了保证会话的顺利进行而进行的一种努力，这种机制的作用是需要交际双方充分的合作来加以实现的。同伴他启修正不仅有助语言习得,还有利互动和认知能力的提高。"互动会话他启修正特征研究"认为,互动会话中的他人启发修正特征有助我们从微观层面更好地理解语言习得的发展历程。

6.2 会话修正模式特征研究

本节将先对会话修正研究的背景进行回顾,提出会话修正的界定及其常见的四种修正类型和划分标准。接着,针对基于大学英语专业课堂互动语料的互动会话修正模式特征研究的相关设计,对研究的具体目的、具体内容和待解决的问题逐一介绍。最后,汇报研究结果,并对研究结果进行讨论。本节内容主要有课堂语言学习中的互动会话修正模式特征、修正偏好特征、修正模式特征对语言实践的影响。

6.2.1 研究背景

会话修正(conversational repair)是会话分析的一个重要方面。1977年,美国民俗方法论者 E. Schegloff, G. Jefferson, H. Sacks 在《语言》杂志第 53 期上发表了这个领域的第一篇论文《会话修正组织机制中的自我修正偏好》。他们发现,当会话出现任何问题需要修正时,普遍存在一种偏好,即偏好自我修正(self-repair)。Schegloff 等人在论文中首先引进了一个新概念——修正(repair),用以代替"更正"(correction)。Schegloff(1977)认为,更正即是用正确的形式来取代偏误和失误,而修正的含义比较泛,除了真正的更正偏误之外,还包括清除误解、澄清误听、搜索词语、自我编辑等。几乎任何需要再说一遍、再处理一下的问题都可以包括进来。在会话中,各方需要有一种机制,这种机制能保持他们会话的连续性而不至于中断，同时又能使会话各方注意到会话过程中可能出现的问题。即"修正"概念除了真正的更正错误以外，还包括消除误解、搜索词语、澄清误听、自我编辑等。它是排除阻碍，维持、保护会话继续进行的必要方法。

会话修正是交际中的常见现象，它通常包括失误源（trouble source）（即由于错误、不恰当或其他原因以致被修正的话语成分）、修正启发/诱发（repair initiation）（即指出前面的话语存在阻碍需要修正）、修正（repair）（即纠正错误的、不恰当的或其他的话语成分）和结果（outcome）（即修正的成功或失败）四个部分。一个修正片段通常包含三个话步（move）：失误源、诱发和更正。修正片段总是从失误源开始，并以对失误源的更正结束。除了失误源外，诱发和更正在片段中的位置是不固定的。

Schegloff（1977）在分析英语语料的基础上，按照修正的引导和完成的执行者是自己还是他人，提出了四种修正类型。同时，Van Lier（1988）认为，基于他所收集的语料，第二语言课堂往往只出现了四种模式：自我诱发的自我修正，他人诱发的自我修正，他人诱发的他人修正和自我诱发的他人修正。其他学者的研究（Buckwalter，2001；Kasper，1986）等也得出了同样的结论。四种修正模式如下：

（a）自我启发的自我修正（self-initiated self-repair，简称SISR，即"自启自补"），即对失误源的诱发和修正都由失误源的发出者完成。如：

"She go—She **goes to school.**"

（b）自我启发的他人修正（self-initiated other-repair，简称SIOR，即"自启他补"），即对失误源的修正由失误源发出者诱发，由听者完成。如：

" A： Oh, *it's my* …

B：Oh, it's **my pleasure**. "

（c）他人诱发的自我修正（other-initiated self-repair, 简称 OISR, 即"他启自补"），即对失误源的修正由听者诱发，由失误源发出者完成。如：

"A: He is a very beautiful girl with long hair.

B：*He*?

C：Oh, sorry, **she**. "

（d）他人诱发的他人修正（other-initiated other-repair, 简称 OIOR, 即"他启他补"），即对失误源的修正由听者诱发，并由听者完成。如：

" A: There is a girl in our class, she is wearing a blue coat and a blue trousers.

B：*Not a blue trousers*…blue coat and **blue trousers**. "

Schegloff 发现，当会话出现任何问题需要修正时，普遍存在一种偏好：偏好自我修正。那么英语课堂学习中学习者与同伴之间的互动会话存在何种修正模式？各种修正模式出现的频率是否有差异？是否也具有修正偏好的特征？这是我们要探讨的问题。

近年来，会话分析被越来越多地用来分析具体的自然会话语料，揭示出不同类型会话中的不同会话特征。而对会话中修正现象的研究一直是会话分析及相关领域研究的重心所在。国外诸多语言学者（SJS, 1977; Norrick, 1991; Kormos, 1999; Van Hest, 2004）展开了对会话修正理论的探讨和实证的探究，并取得了丰硕的成果。但国内对这一研究理论介绍居多，实证研究较少（赵晨，2004；姚剑鹏，2005；沈蔚，2005；陈立平、李经伟、赵蔚彬，2005；王晓燕，2007）。不多的实证探究中，大多也将焦点集中在语言课堂上的教师的话语。教师与学生之间会话修正特征与功能等方面，针对学生与学生之间会话修正的研究尚不多见。依此，本研究将运用会话修正理论，对某省一所普通大学英语专业课堂中二年级学生与学生之间互动会话修正语料进行定量与定性分析，旨在探究生生互动会话修正模式的基本特征，以期能对语言习得和课堂语言教学给予一些启示。

6.2.2　研究设计

为了探究我国英语学习者课堂语言学习中的会话修正模式、特征及其在语言学习中的作用，我们在会话分析框架上，配合定量分析，对英语专业二年级学生课堂互动会话展开了调查分析。我们将在会话修正理论和社会文化理论的基础上，采用会话分析工具，辅以定量和定性相结合的方法，对课堂语言学习中学生与学生之间互动会话的修正模式特征进行实证调查研究，以发现我国外语环境下语言课堂实践社区学习者生生互动修正模式特征及其对语言习得和认知发展的影响。

具体来说，本研究通过对湖南省某普通大学英语专业学习者外语学习过程中互动任务完成的调查和分析，揭示互动会话修正模式特征、修正偏好特征及其成因。

基于英语专业二年级二个班为期一年的课堂实际会话语料，借助二语习得会话分析方法，通过详尽的会话语料描写、分析和讨论，研究团队对英语课堂学习中生生互动的会话修正表征展开了调查和剖析，为进一步探究学习者社会行为特征奠定基础。

受试对象。本研究参与者共计 56 名，其中女生 51 名，男生仅 5 名，其英语水平基本一致，高考平均成绩为 113 分。本文所研究的语料是对正常教学安排中的综合英语课堂内教师所布置的口语互动任务进行现场录音和录像的,共计 19 个小时。

研究工具。每组学习者在教师的指导下使用录音笔或具有录音功能的手机对每次互动过程跟踪录音。同时,为更多地了解互动会话修正概况及其启发因素,采集语料的中后期对学习者进行个别访谈,随后转存入计算机,以备语料的进一步分析。

语料收集。在班级进行的分组讨论中,两人一组,两班各14 组,每组学生围绕着老师所给话题开展讨论,教师不参与话轮的分配,所有的分析语料均在最自然的课堂环境中进行采集。一个月左右进行一次录音,共录 8 个月。最终保证在录音正常的情况下,每份录音笔者都采取前 12 分钟。6 次录制共计约 28 小时的自然会话语料。随后,研究团队再按照转写规则将所收集的录音转写为书面形式,然后依据四种会话修正模式(自启自补,自启他补,他启自补,他启他补)进行分类标注,并进行校对。

6.2.3 研究结果与分析

为更好地剖析课堂语言学习中学习者会话修正模式特征及其本质,我们将对所收集的互动语料进行了定量和定性分析。首先,定量分析旨在从数据的相应分析来发现学习者会话修正偏好特征,以及常呈现的修正模式特征。而对互动文本的定性分析旨在从序列分析的微层面进一步揭示各修正模式特征表现,及其给语言实践带来的不同影响。

6.2.3.1 定量分析与讨论

为了了解英语课堂生生之间会话修正模式,研究团队对语料中的四种不同会话修正类别数量进行了统计,总共发现 1206 处学习中同伴会话修正现象。下列表 6-1 和表 6-2 对学习者同伴互动会话中产生的会话修正数量和会话自我修正现象进行了分别统计①。

表6-1显示，在总计1206次的会话修正中，自启自补共732次，占60.69%，明显高于其他类型修正现象。自启他补共116次，占9.62%，可见自启自我修正的次数要远远多于自启他人修正的次数。表6-1还显示，在总计1206次的会话修正中，他启自补为323次，占26.78%；而他启他补仅35，占2.9%。而自我修正模式总数（1055）与他人修正模式总数（151）相比较而言，自我修正占87.48%，大大高于他人修正比率（12.52%）。但显然，在87.48%的自我修正中，有近27%的修正是在他人，即同伴的启发下完成的。

表6-1 会话修正类型分布

会话修正	自启自补 SISR	自启他补 SIOR	他启自补 OISR	他启他补 OIOR	自我修正 SR	他人修正 OR	总计
数 量	732	116	323	35	1055	151	1206
百分比（%）	60.69	9.62	26.78	2.9	87.48	12.52	100

以上各数据表明，课堂语言学习中同伴互动会话中学习者更倾向于使用自我修正，特别是自启自补的修正形式。此结果也进一步验证了Schegloff等人所说的情形。Schegloff注意到，在正常会话中，人们偏好以自我修正（self-repair）的方式来修补会话中出现的问题。但同时，表6-1和表6-2均表明，近27%的自我修正是在同伴的启发帮助下完成的。如表6-2

---

① 本节中的部分数据来源于作者指导的研究生赵雄立同学的硕士论文《英语学习者会话互动修正研究》，此论文同是基于"课堂语言学习中的社会行为特征研究"的语料和部分研究发现撰写完成的。

所示，自我启发型修正为 848，占 70.31%；而他人启发（包括他启自补和他启他补）也有 358，占 29.69%。

表 6-2　两类自我修正的数量及所占百分比

自我修正分类	自启修正	他启修正	合计
次数	848	358	1206
所占百分比（%）	70.31	29.69	100

对我国外语环境下课堂语言学习中同伴互动会话修正模式特征的探究表明，会话修正在课堂语言学习中是极其普遍的现象，可见会话修正作为一种会话机制，是交际者为了保证会话的顺利进行而实施的一种努力，这种机制的作用是需要交际双方充分的合作来加以实现的。同时，我们也发现，同伴会话修正常呈现四种模式，即自启自补修正、他启自补修正、自启他补修正、和他启他补修正。四种修正模式中，虽然自启自补修正频率最高，但他启自补也显然占据一定比例，说明许多修正是在同伴的启发帮助下完成的。另外在课堂中，如果时间允许的话，对于学生自己认识到的阻碍要给予足够的修正时间；对于学生没有意识到的阻碍进行引发后，也尽量让学生自己修正。通过练习，让学生认识到会话修正是使英语交流顺利进行的一个重要工具。同时也要加强会话修正技巧的练习，鼓励学生使用多样化技巧，减少对母语的依赖，引导学生用英语思维。

表 6-3 显示不同类型失误源引发的会话修正类型（即语音修正、词汇修正和语法修正）的分布情形。表 6-3 显示，三种不同失误源分类中，词汇失误源占 60.6%，共 339 次，其中自我修正为 256，他人修正为 83。很显然，词汇修正总量远远超过语音修正模式（10.4%）和语法修正模式

(28.9%)。依此,数据统计表明,课堂语言实践社区中,学习者在同伴互动中更偏向于使用词汇偏误修正,也就是说会话途中学习者对词汇的偏误更敏感,更易于发现并启发纠正。然后是语法修正,但较少关注语音的偏误,认为它不会影响交流沟通。

表6-3 不同类型失误源会话修正类型分布

分类	自我修正	他人修正	修正总量	百分比(%)
语音修正	34	24	58	10.4
词汇修正	256	83	339	60.6
语法修正	107	54	161	28.9
总量	397	161	558	100

表6-4 三种不同失误源修正的数量及所占百分比

失误源分类	形式偏误	内容偏误	其他偏误	合计
次数	558	396	252	1206
所占百分比(%)	46.3	32.8	20.9	100

表6-4显示了三种不同失误源修正的数量及所占百分比。从表6-4可见,课堂语言学习中同伴互动任务实施时,学习者的会话修正多倾向于形式偏误,即语言表达类偏误,包括语音、词汇、语法等。这类偏误共558项,占46.3%。三种失误源偏误中,内容偏误占第二位,为396,占32.8%,内容偏误主要指讨论的主题意义;而其他偏误(指互动沟通中的偏误)位居第三位,总共252项,占20.9%。

6.2.3.2 会话修正文本分析与讨论

对所收集的互动语料数据分析发现,课堂语言学习中同伴互动环境中常会呈现自启自补、自启他补、他启自补和他启他补四种修正类型。同时，四种修正模式常常针对三种偏误进行修正，即形式修正、内容修正和其他形式修正等。

对学习者同伴互动的序列分析将有助于我们进一步发现会话修正模式及其在学习者语言习得历程中的功效。

第一，形式偏误修正：又可分为语音偏误修正、语法偏误修正和词汇偏误修正三类。

（1）形式偏误修正中的"语音偏误修正"：

自我修正：

【例6.1】I'm interested in mm manager *management*.

他人修正：

【例6.2】A：As far as I know, he has publiced over 10 short stories.

B：You mean *published* over 10 short stories?

A：Oh, yes, published.

（2）形式偏误修正中的"词汇偏误修正"：

自我修正：

【例6.3】Go to work, oh, … er go to **walk walk there.**

他人修正：

【例6.4】A：What lessons are you taking in summer holiday?

B：**What courses**?

A：Yeah, what courses are you taking?

（3）形式偏误修正中的"语法偏误修正"：

自我修正：

【例6.5】When the woman was washed clothes … was washing clothes, suddenly there was a power cut.

他人修正：

【例6.6】A：Why is this exercise the most easy?

B：Why is this exercise **the easiest**, yeah?

第二，内容偏误修正：指说者自己或听者帮助说者放弃已表达的信息，重新传递不同的信息，或修正凡与原来内容相左的信息点。

自我修正：

【例 6.7】 He worked about eight hours, er at **nine** hours.

他人修正：

【例 6.8】 A：Why didn't you go to restaurant with your friends last night?

　　　　　　B：You mean **either of us** two?

　　　　　　A：Yeah.

第三，其他形式修正：在会话修正中把那些凡属消除误解、澄清误听、搜索词语、自我编辑等都归纳为其他偏误修正类型。

自我修正：

【例 6.9】 And if … if if **in in my my opinion**, I want to fine them.

他人修正：

【例 6.10】 A：How far is reading from here to the "New Century" computer shop?

　　　　　　B：Reading? **Riding**!

6.2.4　讨　　论

依据学习者会话修正模式和修正类型分类结果，此节我们将对学习者修正偏好特征及其成因，学习者会话修正在语言习得历程中的功能进行探讨。

6.2.4.1　修正偏好特征及其成因

由课堂语言学习者会话修正模式特征探究可见，互动会话

中自启自补修正比例相对而言是最高的,其原因主要如下:

自启自补修正偏好的原因之一主要取决于修正体系本身。大多数会话修正启发于同一话轮或过渡空间。始于同一潜在的失误源,他启位置不可能早于同一话轮的自我启发,总是在下一话轮或更迟些时候出现。也就是说,失误源说话者更优先于采纳同一话轮,甚至过渡空间的机会。

同时,学习者的语言水平也决定了自启自补修正的偏好。本研究的参与者处于大学一年级至二年级之间,水平较低,英语表达能力也较弱,互动协商的能力也有待提高。这些因素都有碍学习者互动交流的畅通,而更多地关注自己的语流和表达,引发更频繁的自我修正现象。

同时,值得注意的是,在自我修正案例中,也有30%的修正是由他人启发,即在同伴启发帮助下完成的。这也说明,学习者同伴互动会话中并非全都只注意自己的话语,协商、启发、共建话语等互动活动也时有发生。

另外,从上面的定量分析可见,学习者会话互动修正中,内容偏误修正比例较形式偏误修正低,可看出学习者不太注重交际内容的表达,说明互动话语中信息输出的准确性和信息量不够。但是,内容偏误的比例也较居中,高于其他偏误比例,说明学习者在注意一定的言语表达的流畅和准确性外,也较注意互动会话的信息量表达的丰满度。

从以上数据可见,形式偏误修正和内容偏误修正中虽然自我修正比例高于他人修正,但也有许多修正案例是由他人修正完成,或他人启发提示下完成的。这是因为学习者自身语言水平较低,有些偏误往往是自己不易察觉,在某种程度上需要依赖同伴的帮助。而在社会互动语境中,学习者往往具有互帮互助特性。通过同伴的提醒、启发或直接纠正,往往可促进自我修正比例的提高,并由此获得语言的发展。

6.2.4.2 会话修正功能体现

详尽的语料剖析发现,课堂语言学习中同伴互动会话修正不仅可处理听、说和理解问题,还可扩大句法可能性,使得说话者获得多重目的。

根据Levelt(1983,1989)的"言语产出模式",人类语言的言语产出是种复杂的认知行为,它涉及词汇获得的困难。会话互动中说话者会尽力搜寻合适的表达,但某些因素,如压力、交际目的或复杂的术语将影响最合适表达的产出。这些都常导致犹豫或重复现象的产生。在这个过程中,同伴的启发、会话的环境或学习资源都可被学习者借助用来排除语言困难,维系会话交流的继续。

如下面的节选6.1所示:

节选6.1

......

4	Cindy:	How do you think the: the the kind of people who (.)
5		work <u>who live to work</u>, um let me in that way
6		they can make more money to <u>support their family</u>.
7	Lucy:	But if <u>you</u> if your life uh: is full of work
8		and no playing and no relax (.) relax
9		→uh then you find ***your life is a is just a: a:***
		((Lucy抬头望着天花板,眉头紧锁着))
10	Cindy:	You mean a machine ?
11	Lucy:	→Yeah, yeah ***a machine a working machine***.
12		((Lucy边说着边做着手势))
13		That's it.

第6章 结果与讨论：互动会话修正模式特征

在这个节选中，两位学习者正在完成第8次会话任务："为了工作而生活还是为了生活而工作"。Lucy 在第7行和第9行启发修正时，都采用了"重复"手段作为言语修正启示。如第7行的"… if you if you …"和第9行的"your life is just a：a：：…"。显然，"重复"策略在此是被说话者借用来赢得时间进行认知搜索、获取更合适言语表达的一种手段。当说话者在进行语言和认知策划时，重复常用来延迟下一个词汇项目的产出。

左　　　　　　中　　　　　　右

图6-1　两位学习者正在进行同伴互动任务

从图6-1的中部图片可示，Lucy 在进行第9行的重复话语时，一边抬头用眼睛盯着天花板，竭力思考，完成认知搜索过程（第9行）。终于，在同伴 Cindy 的启发暗示下（第10行），Lucy 完成了更合适的言语产出"… a machine a working machine …"（第11行）。

但在下面的节选6.2的互动会话中，两位学习者之间的会话修正却展示了与上面完全不同的功能，即互动交流功能。

节选6.2

……

7　Penny： Their big profit. So uh uh because every country wants the big profit.

8		(2.0) →*So many war is is leaded*
9	Rose:	→*broke up broke out*
10	Penny:	Yeah (2.0)
11	Rose:	So, let's back to the question, what should we do if our nation is
12		threatened with armed invasion by other country?

在此例中，Penny 和 Rose 正在进行战争话题的讨论，即第 9 次互动任务。在此段序列开始不久，Penny 显然遇到了困境，似乎难以找寻合适的言语来确切地表达战争的爆发。在第 8 行，Penny 不得不首先暂停两秒钟，旨在争取时间来尽力搜寻合适的词汇，最终只是较为艰难地完成了不太流畅的话语"… so many war is is leaded…"。而同伴 Rose 很快在第 9 行帮助 Penny 完成了言语产出，找到词组"broke out"替代了 Penny 不正确表达中的"is leaded"。在此例中，Rose 的修正行为显然促使了会话的顺利进行，避免了互动的停止，维持了两者的社会互动关系。

节选 6.1 和节选 6.2 均为针对"形式偏误"进行的会话修正，但它们分别代表了外语环境下学习者会话修正的"话语功能"和"互动交际功能"。在语料分析中，我们发现学习者会话修正最常实施的是语言习得功能。通过对自己话语或同伴话语的启发和修正，学习者在认知搜寻过程中获知目标语知识、掌握目标语词汇、了解目标语使用技巧。下两例均为学习者会话修正语言习得功能。

节选 6.3

自我修正：

In school, I enjoy to, *I'm sorry*, *eh*, *eh*, **I enjoyed playing** basketball with my classmates.

在会话修正中,学习者很常用话语标记语"I'm sorry"来表达自己对所犯偏误的真诚的道歉,同时表明说话者已意识到"enjoy to"的错误用法,而拟进行相应纠正。同时,学习者借用这个词组以及标记语"eh"来拖延时间,重新组织语言,对偏误话语进行修正,将"enjoy to"修正为"enjoy V-ing"形式,并修正正确时态。

上例进一步说明,学习者会话修正序列,即"失误源产生(I enjoy to)→意识到偏误(I'm sorry)→搜寻正确表达(eh, eh)→完成修正(I enjoyed playing)"反映了学习者发现言语错误、更正言语错误、获知言语知识的认知历程;以及启发协助同伴修正偏误,和积极获得启发成功完成修正的社会关系维护历程。

节选 6.4

他人修正:

……

7　Peter:　As far as I know, she *has knew* that event last week.
8　Mary:　En. You mean, **knew that event last week**?
9　Peter:　Oh, yes, knew.

节选 6.4 是一则他人修正的案例,同伴通过重铸反馈形式帮助学习者完成修正历程,敏感目标语时态的用法。

Peter 在第 7 行,用现在完成时态完成了句子的表达,但句中却使用了过去时间状语"last week",显然发生了时态表达的错误。Mary 很快发现了他的错误表达,拟进行纠正。通过元语言"you mean"的使用,Mary 一是想有时间能进行自己的认知回顾,寻找正确表达,同时也是想借此词组提醒 Peter 对前话轮中错误的认知,以关注正确话语的产出。接着,Mary 用重铸 Peter 前话轮的形式将意思进行重新表达。重铸形式较偏误单纯启发,如"… knew that event?"能更直观地给出答案;而相较直接纠正,如"… no, you are wrong, it should be 'knew that event', not 'has knew' …",则更能维护同伴面子,保持良好的互动关系,促进互动会话的顺利进行。

在 Mary 的帮助下,Peter 意识到自己的表达错误,及时肯定了同伴的表达,如第 9 行的"oh, yes, knew",获得了最近发展区的发展。至此,他人修正不仅帮助同伴巩固了语言知识,而且还有效地推动了会话的顺利进行,维护了与同伴之间的友好关系。

以上各例课堂语言学习中的学习者同伴互动会话修正功能进一步说明,纠正反馈、互动协商、他启修正、重铸等活动都可视为帮助学习者解答语言问题的合作性鹰架行为,而不是单纯地提供答案或元语言信息的行为。这些鹰架行为有效促进了学习者最近发展区的发展和互动沟通能力的提高。学习者通过鹰架作用能顺利地完成超越于目前能力范畴的任务。这种鹰架作用即一种合作过程,有能力的学习者在过程中支持和帮助一个没那么有能力的学习者,使其获得语言发展。

而在课堂语言学习中,提供学习者各种互帮互助活动,可有效地促进其多语言使用技能的改善,维护同伴间的友好关系,最终促进其最近发展区的发展。

6.3 会话他启修正特征研究

为更好地剖析课堂语言学习中同伴会话修正模式、修正本质、修正功效，本节将进一步针对会话修正中的他人启发修正特征进行剖析。虽然6.2节的调查发现，学习者互动会话修正仍具有自启自补修正偏好的特征，但不容忽视的是，他人修正，特别是他人启发下完成的修正现象几乎出现在每次每组互动任务完成中。他人启发修正不仅具有语言习得功能，还能促进学习者社会认知和社会互动能力的发展。

6.3.1 研究概况

会话修正概念源于话语和会话分析领域（Sacks et al., 1974），指会话过程中处理听、说和理解方面出现的问题或错误的做法，包括自启自补、他启自补、自启他补和他启他补等类型（Schegloff, 1977），多用于描述学习者对他们非目标语输出的成功修饰，有助于研究者从微观层面探究它对语言发展的影响，也为语言学习过程的理解提供了更多的理论支撑（Kasper, 1985, 2006; Ortega & Iberri-Shea, 2005; Hellermann, 2008）。

会话修正中的他启自补指会话过程中，当说话者话语没有被理解，或被误解，或在某种方式上存在问题时，受话者不直接提供正确表达形式，而是通过启发策略给对方自我修正的机会，使其话语趋向可理解性和准确性（Lyster & Ranta, 1997; Nassaji, 2011）。研究发现，虽然自启自补在日常会话中很普遍，但他启自补在课堂互动语境中却占统治地位（McHoul, 1990）。

纵观他启修正实证探究，其研究焦点主要包括：证实他启有助于语言学习机会的获得（Van den Branden, 1997），对比他启与自启在语言学习中的不同功能（Buckwalter, 2001; Shehadeh, 2001; Nassaji, 2011），验证不同类型互动环境中他启的不同功效（Pica, 1996），分析师生互动或本族语与非本族语者互动中的他启特征（Liebscher & Dailey-O'cain, 2003; Radford, 2008）。

其中，有关师生互动语篇的他启自补研究发现，由教师启发学生修正可视为一种教学措施，能引导学生更好地获得语言知识（McHoul, 1990）；教师的鼓励和启发有助于提高学生语言使用的正确性和准确性（Lyster & Ranta, 1997）。通过重铸和启发的对比分析，Nassaji（2011）发现教师启发下的学生自我修正比教师直接纠正对语言习得的影响更为持久；常用的启发策略包括澄清请求、重复错误以及重述部分话语并针对性提问等形式。Radford（2008）对师生互动他启模式的研究显示，教师启发常表现为非特别和特别两大类型。非特别类针对学习者失误源所处的整个话轮，特别类则针对失误源具体位置，或重述部分话语，或提供新信息等。Libebscher 和 Dailey-O'cain（2003）发现，师生互动中的学习者启发修正有别于教师启发修正。学习者常用特别启发策略，而较少使用非特别启发策略，其原因可能是面对教师而具有强烈的"面子威胁"感。

而基于生生互动语篇的相关研究发现，他启自补是他启修正序列中很常见的现象，它并不经常针对说话者的具体错误，而往往是对前话轮不理解的暗示，不理解常源于词汇失误源，具有意义协商性质（Buckwalter, 2001）。Shehadeh（2001）也证实生生互动中的他启自补为语言学习者修饰产出提供大量机会，有助于目标语知识内化和对语言形式的关注，通过意义协商、启发修正促进语言习得历程。显然，诸多研究肯定了同伴他启对语言习得的功能，并部分分析他启失误源特征，但没有详细探究他启策略频率和表现特征,也没有对他启失误源特征、他启修正产出特征及其在语言习得历程中的功效进行剖析。

相较国外同伴互动研究,国内相关研究较少(徐锦芬、曹忠凯,2010;汪清、谢元花,2011),尤其缺乏互动会话修正的专题调查。虽有学者探究学习者修正特征对语言发展的影响(如:杨柳群,2002;赵晨,2004;陈立平、李经伟、赵蔚彬,2005;王晓燕,2007),但大多研究仅针对单次实验、测试或语料库语料分析,鲜见基于真实课堂第一手语料的分析。

6.3.2 研究设计

他人启发修正研究的设计包括对具体研究问题的介绍,对研究对象的描写,对研究语料的来源的说明,以及对语料编码的具体交代。

6.3.2.1 研究问题

基于他人启发修正研究的局限性,本研究将对我国外语环境下课堂同伴会话中的他启自我修正特征进行调查和分析。具体研究问题有三:

(1)随着会话任务的开展,他启频率和他启策略分布有何特征?对语言实践有何影响?

(2)哪些失误源常诱发他启?它们在语言实践中有何体现?

(3)他启修正产出有何特征?在语言实践有中有何作用?

6.3.2.2 研究对象

研究对象为某普通高校英语专业大二的 58 名学生,其中男生 6 名。大一期间的专业成绩显示,无论阅读、写作还是口语成绩,学生之间有一定的差距。进行此项研究时,由于已经历经一年的专业学习和课堂操练,学生们基本适应同伴会话操练形式,并已逐渐掌握互动会话的基本技巧。同时学生被告知课堂录音和会话任务完成结果将作为平时成绩的重要参考项,因此,所有学生都认真参与了各次会话任务和相关录音工作。

6.3.2.3 研究语料

为更好地促进学习者语言能力和社会认知能力的发展,根据任务复杂性、认知假设与学习者的关系(Kim,2009),会话任务设定为基于综合英语课文与社会现象结合的开放式讨论,每次话题难易程度保持相等。为使任务更具效果,每次任务后3周内,根据所收集语料,针对讨论主题、语言错误、会话技能等及时总结和反馈,以促进下次更好地完成。本研究语料来自于研究对象在大二综合英语课内所完成的4次互动任务。4次互动任务话题为:① 对康菲公司漏油事件的看法;② 假如你是大学老师;③ 生活和工作哪个更重要;④ 怎么看待雷锋精神。4次课堂讨论具体要求见附录2。

本研究利用录音的方式收集语料。学生在课堂内根据老师所布置的讨论任务进行20分钟左右的会话,两人一组自由组合。每次会话期间,每组对子通过自备的Mp4或手机进行全程录音。研究者针对每组对子的会话时长、会话表现进行现场观察与记录。穿插在课内进行的会话任务持续8个月左右,每2个月采集会话语料一次,共4次有效语料,时长为33.7小时,其中他启修正案例为558项。根据Hellermann(2008)会话转写规则,对所有录音材料进行文字转写。同时,为保证时间长度一致,笔者把语料转写的时间定为每小组前15分钟。

6.3.2.4 语料分析

利用会话分析框架,基于Varonis & Gass(1985)的"失误源→他启→修正产出"序列结构,本研究对4次会话任务中的他启修正序列进行相关统计,进而分析他启修正模式特征。

首先,失误源编码根据 Nakahama(2001)失误源分类及本研究语料特征:

(1)词汇失误源:源于词汇拼写或意思;

(2)内容失误源:源于话题内容含义;

(3)词法句法失误源:源于词语曲折形式或句子语法错误;

(4)发音失误源:源于不正确或不知道的发音;

(5)其他类失误源:难以归类到前四种,但又确实诱发他启的失误源。

其次,他启策略编码基于 Liebscher & Dailey-O'Cain(2003)以及 Radford(2008)等人的研究以及本研究语料特征:

(1)非特别启发(NS):针对失误源话轮全面启发。如 *Say that again*!或 *Pardon* 等。

(2)特别启发(SI):部分重复失误源话轮并提问。如:*She has what*?

(3)特殊疑问启发(WH):针对失误源本质,以特殊疑问句形式启发。如:*Where*?

(4)重复启发(R):重复失误源信息。如:*Yesterday afternoon*?

(5)提供参考项启发(OC):提供新的语言表达形式或信息内容的启发。如:*Do you mean* ×?

(6)其他类启发(O):除以上各策略外的其他形式。如直接否定:*Oh*, *no*, *it's impossible.* 启发鼓励。如:没关系的,说吧!

最后,修正产出编码借鉴 Shehadeh(2001)和 Nassaji(2011)的研究成果:

(1)成功修正：修饰产出、无修饰重复含直接认可；
(2)无修正：修正失败、请求援助、转移话题。

据此，他启修正序列在本研究中被定义为失误源、他启策略、修正产出三部分，其数量和类别通过统计上述各项获得。研究者和团队其他成员分别对所有语料中的他启类别进行识别，组间信度系数为.88，表明本研究对他启序列各变量的统计具有较高的信度。

6.3.3 调查结果

关于课堂语言学习中他启修正特征研究的调查结果将基于三方面的相关数据分析获得，即他启频率和策略分布特征、他启失误源特征、他启产出特征。

6.3.3.1 他启频率和策略分布特征

本节研究问题之一是课堂同伴互动会话的他启频率和策略分布具有何种特征（见表6-5）。

表6-5 他启频率和策略分布特征

次数/类别	NS	SI	R	WH	OC	O	总量	百分比（%）
第一次	4	5	20	5	50	8	92	16.5
第二次	21	14	45	8	61	5	154	27.6
第三次	15	7	32	11	67	11	143	25.6
第四次	17	18	34	14	74	12	169	30.3
百分比（%）	10.2	7.9	23.4	6.8	45.2	6.5	558	100

为回答6.3.2.1节中的问题一，我们对4次会话任务中的他启频率和他启各策略频率分别进行统计。

表6-5显示,持续8个多月的4次任务均出现他启现象,但频率不同。第一次最低(16.5%),后3次明显增加,但幅度不均等,第三次(25.6%)略低于第二次(27.6%),第四次频率最高(30.3%)。同时,各策略在各次任务中的频率明显不同。OC策略出现频率最高(45.2%),R策略位居第二(23.4%),依次是NS策略、SI策略、WH策略和O策略。

6.3.3.2 他启失误源特征

在课堂同伴互动语言实践中,哪些失误源常诱发他启,失误源与他启策略有何关系,这是本研究待分析的第二个问题(见表6-6)。

表6-6 他启失误源特征

失误源/策略	NS总数 百分比 (%)	SI总数 百分比 (%)	R总数 百分比 (%)	WH总数 百分比 (%)	OC总数 百分比 (%)	O总数 百分比 (%)	总量/百分比 (%)
词汇失误源	3 1.48	8 3.94	58 28.57	5 2.46	123 60.59	6 2.96	203 36.38
内容失误源	49 18.42	30 11.28	49 18.42	25 9.40	109 40.98	4 1.50	266 47.67
词法句法失误源	0 0	3 8.57	13 37.15	3 8.57	13 37.14	3 8.57	35 6.27
发音失误源	0 0	3 14.29	11 52.38	3 14.29	4 19.04	0 0	21 3.76
其他类失误源	5 15.15	0 0	0 0	2 6.06	3 9.09	23 69.70	33 5.92

由表6-6可见,他启常由五种失误源诱发,但各失误源的诱发比率不同。其中,内容失误源比例最高(47.67%),词

汇失误源第二 (36.38%)，词法句法失误源虽位居第三，但比率大大低于前两种。发音失误源比例最低，仅 3.76%。

同时，在我们调查中所发现的"其他类失误源"所占比例接近词法句法失误源，超过发音失误源，可见其作为诱发源的常见性。

另外，内容失误源和词汇失误源最常诱发 OC 策略，各失误源均可导致 WH 策略和 OC 策略，而其他类失误源最常诱导 O 策略。

6.3.3.3 他启修正产出特征

为进一步确定他启修正模式特征，依据上两节中有关他启频率和策略特征、他启失误源特征，我们将对课堂语言学习中同伴互动会话他启各策略所导致的修正产出特征进行分析，以发现他启修正的常见类型及其表现形式（见表 6-7）。

表 6-7 他启修正产出特征

他启模式/修正产出	修饰产出		无修饰重复		修正失败		请求援助		转移话题	
NS	25	43.87	1	1.75	23	40.35	3	5.26	5	8.77
SI	17	38.64	1	2.27	19	43.18	0	0	7	15.91
R	56	42.75	14	10.69	37	28.24	0	0	24	18.32
WH	23	60.53	2	5.26	9	23.69	1	2.63	3	7.89
OC	142	56.36	28	11.11	49	19.44	9	3.57	24	9.52
O	17	47.22	5	13.89	10	27.78	1	2.78	3	8.33
总量百分比（%）	280	50.2	51	9.14	147	26.3	14	2.5	66	11.8

表 6-7 展示他启各策略修正产出特征。根据语料统计，

他启各策略常导致修饰产出、无修饰重复、修正失败、请求援助和转移话题五种不同形式，各频率不同。从总量来看，他启所导致的成功修正（59.34%），即"修饰产出（50.2%）"和"无修饰重复（9.14%）"之和，明显高于无修正（40.6%），即"修正失败"（26.3%）、"请求援助"（2.5%）和"转移话题"（11.8%），其中修饰产出为50.2%。

各策略导致不同频率成功修正和无修正。其中，WH策略、OC策略和O策略的成功修正比例均高于无修正比例，特别是WH策略和OC策略已导致高达60.53%和56.36%的修饰产出。

而相对而言，SI策略导致最低修饰产出，仅38.64%，其导致的修正失败却高达43.18%。除SI策略外，R策略所导致的修饰产出也较低，为42.75%。

6.3.4 分析与讨论

从上述统计结果看出：他启修正在他启频率、他启策略分布、他启失误源和他启修正产出等方面各具特征。下面我们结合二语习得视角下的会话分析原则（CA as an approach to SLA）来探讨各特征对学习者语言实践的影响。该原则遵循对互动过程中言语产出细节的描述来揭示参与者对话语的理解和对语言结构知识的运用，强调互动过程和互动参与者本身，特别关注互动任务完成中的协商互助、话语共建和互动能力等特征及其影响因素（Hellermann, 2008; Kasper, 2006）。

6.3.4.1 他启频率及策略特征对语言实践的影响

他启频率及策略特征对语言实践的影响主要从他启频率走向及其原因分析，和OC策略频率居首的原因剖析，以及同伴互动会话中为什么会出现O策略的原因探究。

（1）他启频率走向及其原因分析。

他启明显存在于各次会话任务中,且随着会话任务的多次开展频率逐渐增加(见表6-5)。我们分析认为,他启频率高低的原因主要取决于参与者对互动任务和程序的熟悉程度。同伴互动是话题讨论式的开放型任务,不要求有最终答案,双方在任务完成中只需表达个人观点。随着任务的多次进行,参与者会逐渐熟悉讨论程序和特定语言结构,逐渐深入交流和沟通思想。对话题内容的熟悉有利于学习者把精力更多地投入到语言表达形式和内容深层意思(Bygate & Samuda,2005),若对话题内容和程序均熟悉则可促进互动双方更积极地反馈,产生更多与语言相关段落(Mackey et al.,2007)。否则,情况可能相反,如我们所收集的第一次语料,他启仅占总量的16.5%,几乎为第四次语料中他启(30.3%)的一半。这是因为参与者开始时不太习惯同伴讨论形式,忙于思考自己的话语而无暇顾及对方产出,明显缺失协商质疑和他启反馈。同时,由于对康菲公司漏油事件话题内容的不熟悉,明显减少参与者互动反馈机会而演变为轮换朗读附带材料。

他启频率的逐渐增加并不能说明参与者在言语产出和言语知识方面能力的改变,但其频率的稳步增长确实暗示学习者可获得更多的语言实践机会。依此,了解学习者背景,合理安排互动任务,可更好地促进同伴互动功效。

(2) OC策略频率居首的原因分析。

在他启策略分布方面,针对失误源本质的OC策略最常使用,从表6-5可见其比例占总量的45.2%。该结果与Libescher & Dailey(2003)以及Radford(2008)的他启师生互动语篇结果一致,说明同伴互动他启也常采纳能针对失误源本质和失误源具体位置,并能提供一种相关的新语言模式的OC策略。当说话者预测听话者难以提供相关信息而给予帮助时,此种策略显得尤为重要(Radford,2008:38),它具有提示信息、澄清理解和纠正偏误等功能。同时,我们对语料的会话分析也显示,其频率颇高的原因还在于它常出现在同一失误源的多重启发序列中。显然,在这种加长的他启修正序列中,OC策略为学习者对目标语形式的搜索,对语言知识的内化等语言实践提供了更多机会。

(3) O 策略存在的原因分析。

另外,本研究的一个突出发现是 O 策略明显存在于每次互动任务中(见表6-5),其比例(6.5%)接近 WH 策略(6.8%)和 SI 策略(7.9%),这是相关研究文献所未曾分析的特征。

节选 6.5

1	Mike:	Hello. En. How to say =	
2	Lily:	= **Take it easy**((微笑))	**O**
3	Mike:	I think he puts all : all:: time and energy =	
4	Lily:	= En, **you mean Phil belongs to the type who who** (::)	
5		devoted himself to work?	**OC**
6	Mike:	devoted himself to work::: he's a he's a:: worka: worka what?	
7	Lily:	**workaholic you mean he's a workaholic**?	**OC**
8	Mike:	Yeah workaholic he's a workaholic devoted himself to work.	

······

Buckwalter(2001)认为,同伴他启并不常针对错误,而只是对不理解的暗示,具有意义协商功能。会话序列分析中,我们还发现，他启不仅有意义协商功能，还具有促进协商互助、知识共建的功效。提醒、鼓励、评价性话语，或微笑、点头等不同启发形式有助于轻松愉快氛围的建立、互动任务的完成、知识的获取和认知的发展（Reigel，2008；Hellermann，2008）。如上例节选6.5。

在节选6.5中，Lily是位英语综合能力和个人素质皆佳的女生，Mike是位较内向、英语能力弱、不善言表的男生。他们在就综合英语课中Phil的故事进行第8次会话讨论（见附录2）。

第2行Lily通过鼓励和微笑，为同伴提供轻松自由的序列环境，刺激其完成表达搜索，起到"支架（scaffolding）"作用，也为进一步互动开展创造愉快的社会实践社区（Hellermann，2008）。在第4行，Lily通过OC策略巧妙运用课文词汇"devoted himself to work"请求同伴核实其第3行的表达，不仅有效促进双方的沟通和平等合作语境的创立（Martin-beltran，2010），而且有助于同伴对课文知识的回顾，也有利于自己对语言知识的内化，具有双向"输入"功能。由于Mike对workaholic一词的遗忘，Lily则利用OC策略为对方提供一相关而贴切的反应模式（Pomerantz，1988），帮助同伴获得对该词的认知，也完成话语共建过程（见第7行和第8行）。

6.3.4.2 他启失误源特征在语言实践中的体现

表6.6可见，本次同伴他启最常由内容失误源诱发，其比例高达47.67%，超过词汇失误源（36.38%）。该结果部分证实Buckwalter（2001）的结果，他启并不常针对说话者的具体错误，而往往是对前话轮不理解的暗示。但我们发现，不理解不仅源于词汇，而且也源于内容，其原因主要在于同伴互动本质。同伴互动是基于课文内容和时事新闻的讨论型任务，学习者要关注的对象中内容多于词汇，注意力会更多地放在宏观意

义的表述和理解,较少投向语言形式的监控和选择,虽然不能像本族语者那样提供合乎语法和社会语言习惯的输入,但仍能相互提供真实的交际性练习,完成对任务的讨论,同时也产生更多有关内容理解的协商和争论。

节选 6.6

1	Mike:	Hello. En. How to say =	其他类失误源
2	Lily:	= Take it easy ((微笑))	O
3	Mike:	I think he puts all : all:: time and energy	

……

除常见的四类失误源外,从表 6.6 还可见"其他类失误源"的存在(5.92%),它最常诱导 O 策略(69.70%),这也成为本次同伴他启失误源调查的一显著特征。"其他类失误源"显然有别于其他四类失误源,难以将其归类到"错误"或"不理解"表达之列,而只是学习者在特定的"同伴互动"学习语境中的情绪宣泄、观点表达、身份展示、认知取向等的不同展现。对此种"失误源—他启"附带序列的理解将有助于我们从微观层面更多地发现学习者在语言习得历程中的语言、认知和互动能力发展特征。如节选 6.6 中序列的起始:

Mike 不连贯的话语(En.)和自言自语的问题(How to say …)并非源于内容的具体表达,而是出于其畏惧的心理,是表达能力较弱或英语水平较低学生的常见表现。由于同伴互动之间平等、自由、轻松的氛围,会话双方没有师生之间的"高墙"存在(Matsumoto, 2011),使他们敢于面对同伴表达自己的困惑和情绪,请求对方援助,并常能及时获得同伴的鼓励和支持。

但下例"其他类失误源"却有不同特征。两位女生（Lisa 和 Kitty）在结合课文内容完成互动语料收集中的第 10 次会话讨论任务（见附录 2），两人平时英语成绩和英语表达能力相仿。

节选 6.7

1 Lisa： En. **Learn from Leifeng**（..）en.. **It's necessary**?
　　　　　　　　　　　　　　　　　　　　　　　其他类失误源
2 Kitty： °e－°
3 Lisa： En?　　　　　　　　　　　　　　　　　　　　　NS
4 Kitty： Justclean streets（..）help the old across the streets, is it necessary?
……

显然，此例的"其他类失误源"不再是畏难情绪表达，而是 Lisa 根据自己的认知观点，在对话题意义提出挑战，以获取身份展示和话语主动权的机会（第 1 行）。这是师生互动中很难发现的特征。正是由于同伴之间的平等身份刺激学习者在互动任务完成过程中获得了更多言语表达以及情感意识渲泄，甚至社会价值展示的机会。

笔者认为，对同伴他启失误源特征的辨别和剖析将有助于我们更好地理解语言学习过程就是社会语言和心理语言的支架。Vgotsky（1978）认为，通过合适地使用语言学习者将不仅习得语言知识，增强互动能力，而且还可获得概念发展和认知能力的提高。

6.3.4.3 他启修正产出特征在语言实践中的作用

表6-7显示,同伴他启引导的成功修正(包括修饰产出50.2%和无修饰重复9.14%)比例明显超过无修正(包括修正失败26.3%、请求援助2.5%、转移话题11.8%)比例,前者为59.34%,而后者仅为40.6%,这进一步证实他启修正在语言习得历程中的积极作用。通过对同伴互动行为的观察和剖析,我们发现学习者为促进沟通、获得理解、调整取向,常采用各种互动策略,包括各种启发修正策略,在"话语产出—障碍—启发—修正—接受"过程中完成互动任务,也促进双方互动能力的提高。这种互动能力可以理解为,序列语境中理解和产出话语行为的能力。帮助解决听、说和理解问题的能力,共同构建语言知识的能力和促进认知发展的能力,Kasper(2006)的研究支持这一结果。

在他启各策略与修饰产出关系上,WH策略显然位居首位,占60.53%(见表6-7)。究其原因,我们认为是WH策略的特定模式和功能所决定的:请求提供具体信息,请求对某词或内容的界定,请求重复,表达对前话轮中某词的不理解,等等。如下例(节选6.8):

节选6.8

......

11	Linda:	Then, if one day an old man fall down on the ground before you,	
12		**what will you do**?	<u>WH</u>
13	Harry:	I will help him, of course, it just belongs to personal: personal:	<u>修饰产出 & 词汇失误源</u>
14	Linda:	**What** ?	<u>WH</u>

| 15 | Harry: | 素质怎么说 | 请求援助 |
| 16 | Linda: | personal character？ | |

……

在此例中的两处 WH 策略显然传递了不同讯息。第 12 行 Linda 的 WH 策略旨在请求对方提供具体信息，在她的启发下 Harry 完成修饰产出。而第 14 行的 WH 策略功能不同。因 Harry 在第 13 行"personal"一词的重复以及不完整的话语，此处 WH 策略并不针对前整个话轮，而只是暗示对前话轮中某个具体内容的不理解（Bolden, 2012: 102）。随后 Harry 在第 15 行的请求援助恰好说明他已理解 Linda 的启发，在进一步提出相关知识，双方在协商互动中获得语言习得。

最后，由表 6-7 还可见，由修正失败、请求援助和转移话题构成了 40.6% 的"无修正"，这在一定程度上说明同伴他启也可能未起作用或未被关注，这主要是因为研究对象的英语能力有限。语料收集时，他们正处于大一至大二期间，语言水平和表达能力整体还不很高，而且也存在明显个体差异，造成一些有关内容理解核实请求、表达澄清请求等启发难以成功引导修饰产出或被有意回避案例。另外，互动任务的有限时间也使有些学习者无法投入太多精力关注同伴反馈，而只顾自己的产出。

但值得一提的是，在 40.6% 的无修正中，有一部分修正失败和请求援助导致了新一轮的"启发—修饰产出"。也就是说，同伴他启修正序列也常呈现"失误源—他启—修正失败/请求援助—多重他启—修饰产出"的诱导路径。在此路径中，互动双方获得更多的机会来共享语言资源，共谋认知发展（Duff, 2010; Foster & Ohta, 2005），同时也为彼此跨越"最近发展区（ZPD）"提供桥梁与纽带（Ohta，2001：9）。

很显然，课堂同伴互动会话中的他启修正模式为语言学习者提供更多的语言实践机会，通过互帮互助、协商启发，促进互动会话的顺利进行，互动任务的成功完成，语言习得和社会认知的共同发展。

6.4 小　　结

本章对英语课堂同伴会话中的会话修正模式特征和他启修正特征及其对语言实践的影响进行了调查和分析。

基于会话分析框架，我们发现，英语学习者口语互动会话中存在四种修正模式：自我启动—自我修正、他人启动—自我修正、自我启动—他人修正和他人启动—他人修正。其中自我启动—自我修正所占的比重最大，并且这种修正模式主要发生的位置为失误源同话轮、话轮转换处和第三话轮处。关于修正类型，研究发现，生生互动的修正类型根据失误源的不同可分为词汇修正、语音修正和句法修正三种。其中针对词汇层面失误源的会话修正最多，并且在词汇修正中词汇重复修正又最多。关于修正的效果，研究发现，生生互动中存在成功与不成功两种修正效果。其中成功修正远多于不成功修正。在综合分析数据和已有研究基础上，本研究总结了生生互动会话修正的特征。研究结果与 Schegloff, Jefferson & Sacks（1977）提出的自我修正偏好模式一致。然而，本研究也发现，英语学习者在互动中虽然更倾向于使用自我引导修正而非他人引导修正，但是他人启发修正也占据近1/3的比例，说明同伴互动中的部分修正是在同伴的启发帮助下完成的。同时我们还发现，在口语互动课堂上，修正对学习者第二语言习得具有以下三个功能：会话功能、互动功能和语言习得功能。同时，生生互动修正模式会受到课堂语境、互动任务特征以及学习者个体差异等因素的影响。

关于会话他启修正研究结果表明，随着学习者对会话内容和程序的熟悉，他启频率会逐渐上升；最常见他启策略为OC策略，但最常引导修饰产出的他启策略为WH策略，O策略也构成同伴他启显著特征；内容失误源诱导他启频率居最高，"其他类失误源"也成为他启诱导源之一；他启引导的成功修正比例高于无修正比例，同伴他启修正常呈现为"失误源→他启→修正失败／请求援助→再次或多次他启→成功修正"路径。同伴他启修正不仅能帮助消除误解、澄清观点、获知信息、还有助于语法掌握、词汇习得，同时为知识共建、认知发展创造轻松愉快的社会实践社区（Hellermann，2008）。因此，本文认为，对同伴他启修正的探究有助于我们从微观层面更好地认识语言学习过程的本质。

基于本研究，未来相关研究可以考虑以下努力方向：进一步验证同伴互动中他启与自启模式的差异，或不同水平、不同年龄同伴互动中他启模式特征；考虑使用更为科学的统计方法，对本章定量分析部分论及的问题做进一步探讨。

第7章 结果与讨论：互动会话言语产出特征

7.1 引　　言

为进一步分析课堂语言学习中学习者社会行为的特征、本质及其在语言实践中的作用，也为了对学习者语言习得能力和社会认知能力发展规律做进一步探讨，本章从英语课堂同伴互动中的会话协商产出特征视角对外语环境下学习者同伴互动本质及其发展特征再做探究。

基于一组大学英语学习者在两年内完成9次课堂互动任务的语料探析，本章对学习者互动任务完成中言语产出特征类型结果、产出特征成因及其对语言实践的影响进行汇报，包含对言语产出特征研究的要领和背景介绍，本研究待解决的问题，本研究具体内容，本研究的结果汇报，以及基于研究结果的讨论。

7.2　研究要领

本章在社会文化和社会认知理论基础上，采用会话分析为主，辅以定量定性相结合的方法，从以下几个角度展开对课堂语言学习中协商产出特征的调查、分析和探讨：学习者言语产出各变量特征之间的对比分析，言语产出和非言语产出特征成因探究，互动言语产生特征对语言实践影响的剖析，知识共建和认知协同，重铸和言语产出关系，互动产出模式及其影响。

7.2.1 研究背景

互动会话中的意义协商（negotiation of meaning）是指学习者与其会话对象在理解彼此话语困难时做出的话语修正和信息重建。通过一系列协商策略，如理解核实（comprehension checks）、求证核实（confirmation checks）和澄清请求（clarification requests）等，互动双方相互合作，共求协同，最终理解问题话语（de la Fuentz，2002）。

研究显示，意义协商，尤其是由本族语者或语言能力强的会话者做出的会话调整，能够促进学习者语言习得，因为它将输入、学习者内在能力，尤其是选择性注意和输出以语言产出的形式联系在一起（Long，1996：451-452）。而基于意义协商的语言输出也是二语习得理论中的一个重要概念，许多研究者对其本质及其功能进行了探究。Swain（1985）在其输出假说（output hypothesis）中认为，语言输出也是语言习得的一个组成部分，互动双方在协商过程中被迫产出言语，这种言语能表达意义，且具有准确性、连贯性和恰当性，是种可理解性输出。

基于Swain的输出和可理解性输出观点，研究者们提出了修正输出（modified output）概念。修正输出指学习者依据教师、同伴或他人提供的反馈信息，对自己不正确的目标语形式进行的即时修正。因此，比较修正输出和可理解性输出两个概念，可以看出修正输出应该是可理解性输出的一种表现形式（汪清，2011：43）。

随着近年来二语习得研究的社会性取向越来越盛行，对学习者意义协商及其产出的探究更多地聚焦于对学习者社会意和社会属性的协商探究。新的概念，如协商身份（negotiate identity）（Morita，2004）、协商专家地位（negotiate expert positions）（Reichert & Liebscher，2012）、协商面子（Copand，2011）、协商权利（negotiate power）（Shi，2011）等术语被创建用来探究语言实践社区中学习者协商和产出的本质。

7.2.2　研究问题

基于意义协商和语言输出在二语习得理论中的重要作用，国内外出现了很多实证性研究，从不同角度考察意义协商中的语言输出状况。然而，很少研究针对我国外语环境下学习者同伴互动中言语产出特征、功效及其本质进行调查和分析。

鉴于此，基于相关实证研究背景，以社会文化和社会认知为理论框架，本节将研究我国高校英语课堂中，语言学习者在互动任务完成中的语言输出类型、发展状况及其对学习者语言习得的影响。具体研究问题如下：

第一，学习者互动会话过程中，学习者的言语产出状况如何？言语产出中的各变量频率发展具有何种特征？

第二，互动会话产出中的修正输出有何频率特征？修正输出与协商策略和互动任务有何关系？

第三，互动会话产出特征对语言实践有何影响？学习者的言语产出特征常呈现何种互动模式？互动模式对语言学习有何作用？

研究问题的解决将基于对学习者在 9 次互动任务中的言语产出频率特征的对比分析和言语产出话语的序列分析。

7.2.3　研究设计

"互动会话言语产出特征"研究语料来自于"课堂语言学习中社会行为特征研究"的部分语料，即 40 名高校英语专业学习者的课堂互动任务完成语料。语料收集时间从大一第一学期延续至大二第四学期,共 4 学期的时间。语料收集语境为英语专业综合英语课内的讨论练习环节,学习者会话形式为两人一组。4 学期语料采集期内,40 名学习者,20 组对子在课内共完成 13 次教师布置的会话讨论任务。13 次互动任务中,要求学习者完成对不同类话题的讨论,并进行相应总结。话题涉及综合英语课本内的相关内容讨论,以及有关社会事件的讨论(内容详见本书表 4-2 "各互动任务的基本信息")。

为更好地剖析语料,我们从 13 次互动语料中选取 9 次语料作为研究对象。其原因在于,经过大一第一学期的磨合期后,这 9 次语料无论言语产出的完整性或语料收集的品质都较其他互动任务语料更胜一筹。具体采集的互动任务语料为:任务 3,任务 4,任务 6,任务 7,任务 8,任务 9,任务 10,任务 11,和任务 12(见附录 2)。

9 次互动任务分别安排在 3 学期完成,即每学期完成 3 次互动任务。因学习者被告知课堂录音和会话任务完成结果将作为平时成绩的重要参考项,因此,所有学习者都认真参与了各次会话任务和相关录音工作。

为了更好地发现学习者同伴互动产出特征,20 组学习者 9 次互动任务语料收集和转写后,我们将语料按照以下两条规则进行了相应编码:

第一,9 次互动会话中互动言语产出的总量和类型或各次互动会话中互动产出的总量和类型,即从 Task One 至 Task Nine 的各次任务中产出总量和类型。

第二,不同类型协商话步下的互动产出总量,即理解核实(comprehension checks)、求证核实(comprehension checks)、澄清请求(confirmation checks)等各类协商中的互动产出总量,以及在本研究中所发现的另外两种协商类型的互动产出总量,即寻求帮助(assistance seeking)和其他(others)类协商话步。

7.3 研究结果:互动言语产出特征

本节讨论课堂语言学习中同伴互动言语产出特征,具体包括:20组学习者在9次互动会话任务中的产出频率特征及其发展特征分析,20组学习者在5种不同协商类型中的产出频率特征分析。

研究发现,20组学习者在9次互动任务中的5种协商类型下共产出6种不同的言语输出类型,各输出类型的总量不同,在各次任务和各种协商话步中的总量也各自不同。随着互动任务的多次开展,互动产出总量会逐渐提高,其中,"修正输出"类型频率也会随之提升。

7.3.1 不同互动任务中产出频率特征

为更好地了解学习者在同伴会话协商过程中的互动产出状况,互动产出频率是否与互动任务话题内容以及学习者互动能力发展有关,本节对9次互动任务中的互动产出类别和频率分布进行了统计(见表7-1)。

表7-1 9次互动任务中学习者互动产出状况

任务	总量	修正输出(%)	重复启发(%)	重复失误源(%)	修饰失败(%)	转移话题(%)	表达困难(%)
任务1	179	78 43.6	25 14.0	15 8.4	23 12.8	16 8.9	22 12.3
任务2	145	67 46.2	21 14.5	11 7.6	22 15.2	11 7.6	13 9.0
任务3	307	143 46.6	39 12.7	26 8.5	48 15.6	29 9.4	22 7.2

续上表

任务	总量	修正输出(%)	重复启发(%)	重复失误源(%)	修饰失败(%)	转移话题(%)	表达困难(%)
任务4	254	121 47.6	31 12.2	21 8.3	37 14.6	26 10.2	18 7.1
任务5	484	249 51.4	57 11.8	41 8.5	63 13.0	42 8.7	32 6.6
任务6	506	291 57.5	51 10.1	45 8.9	56 11.1	36 7.1	27 5.3
任务7	402	226 56.2	41 10.2	36 9.0	46 12.7	32 7.9	21 5.2
任务8	571	339 59.4	51 8.9	43 7.5	87 15.2	34 6.0	17 3.0
任务9	548	328 59.9	46 8.4	39 7.1	81 14.8	33 6.9	21 3.8
	3,396	1,842 54.2	362 10.7	277 8.2	463 13.6	263 7.6	193 5.7

表7-1显示，学习者在9次课堂互动任务完成中的3,396次协商话步共导致6种不同互动产出类型。其中，"修正输出"（modifications）总量为1,842次，占54.2%，在6种不同输出类型中数量最多，频率最高。除"修正输出"外，"重复启发"（repetition of initiation）总量为362（10.7%）；"重复失误源（repetition of trigger）"总量为277（8.2%）；"修正失败（failure to modify）"总量为463（13.6%），在6种输出类型中位于第二；"转移话题（switch of topic）"为263（7.6%），而"表达困难（expression of difficulty）"总量仅为193（5.7%），其总量在六种输出类型中明显最低。

同时，各种产出类型在各次互动任务中的频率也明显不同。如"修正输出"在第8次互动任务中相应频率最高，达339次，占该次任务总输出量的59.4%；第9次任务中的修正输出量为328，其频率在9次任务中位列第二；而第2次互动任务中修正输出频率仅产出67次，频率最低，但在该任务中也占46.2%的输出总量。总的来说，"修正输出"频率在9次互动任务中呈现逐渐上升的趋势,后 4 次互动任务中的修正输出总量 (291 + 226 + 339 + 328 = 1184) 明显超过前 5 次互动任务 (78 + 67 + 143 + 121 + 249 = 658)。但从表 7 - 1 可见,修正输出总量在每次任务中的上升比例并不一致,其中第 2 次互动中的总量低于第 1 次任务。这是因为第 2 次互动话题为"谈友谊",其抽象程度大于第 1 次互动任务的关于"与父母关系,即代沟"的话题。加之,当时学习者在课内进行同伴讨论的操练少,互动技巧欠缺,互动能力还较低,话语输出的总量、会话协商的次数都少于第一次互动任务,因而修正输出的总量也随之较少。

此外,表 7 - 1 还可见,学习者在 9 次互动任务中针对话语问题或沟通障碍而进行的会话协商并没有都获得修正输出结果。5 种非修正输出结果明显出现在 9 次互动任务中。也就是说,作为会话协商结果的约 45.8% 的同伴反馈是以 5 种不同形式的非修正输出类型存在于同伴互动任务中。

在五种非修正输出中,"修饰失败"频率最高,为 463 (13.6%),其次为"重复启发"(362,占 10.7%)。比"重复启发"稍低频率的有:"重复失误源"为 277,占 8.2%;"转移话题"为 263,占 7.6%。9 次互动任务中,最低的非修正输出类型为"表达困难"型,仅为 193,占 5.7%。

图 7 - 1 展示了在语料收集的 3 个学期中学习者"修正输出"频率的发展趋势。学习者在第一学期共产出 288 次修正输出,占 15.64%;第二学期总量为 661 次,占 35.88%;而第三学期中总量明显最高,为 893 次,占 48.48%。具体来说,学习者修正输出频率在第一期(288)到第二期(661)呈现了飞跃的增长,而第二期(661)至第三期(893)则为稳步增长期。

以上结果表明,本次研究中的学习者通过与同伴的会话协

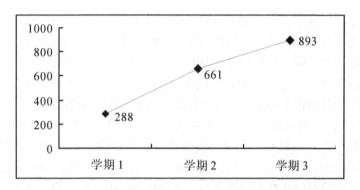

图 7-1 学习者修正输出发展趋势

商能产出较高频率的修正输出,且随着参与互动任务次数的增加,其完成修正输出的频率也逐渐增加。值得一提的是,在本次互动会话言语产出特征调查中,学习者言语产出总量和其中的修正输出频率均呈现较高趋势。这种较高频率的言语产出状况结果与之前的相关研究结果(Foster & Ohta, 2005; Iwashita, 2001; 汪清, 2011)有所不同,在他们的研究中,参与者并没有产出较高频率的修正输出总量。其主要原因在于他们的研究结果主要源于"理解核实""求证核实"和"澄清请求"3种会话协商下的言语产出频率,而在我们的本次研究中,除这3种协商话步外,还包括"寻求帮助"和"其他协商"两种意义协商类型下的修正输出总量。此结果也进一步证明了这两种协商类型在课堂同伴互动会话中的功效。

7.3.2 不同协商类型中产出频率特征

为进一步探究课堂语言学习者互动会话言语产出特征以及修正输出与协商类型之间的关系,本节对学习者5种会话协商类型所引发的不同类型产出总量分别进行统计和剖析。

研究发现,5种协商类型都能成功地导致学习者产出修正输出。但是，5种协商类型在产出修正输出的总量方面起着不同的作用。其中，"求证核实"和"澄清请求"两种协商类型被发现最常引发修正输出。除"修正输出"言语产出类型外，同伴之间的协商启发也常导致其他5种"非修正输出"，即"重复失误源""重复启发""修正失败""转移话题""表达困难"等（见表7-2）。

表7-2 不同协商引发的互动产出状况

言语产出类型 协商类型	修正输出		重复启发		重复失误源		修正失败		转移话题		表达困难		总量
理解核实	132	37.7	56	15.5	29	10.5	62	13.4	42	16.0	33	17.1	350
求证核实	619	58.8	101	27.9	92	33.2	135	29.2	51	19.4	31	16.1	1,053
澄清请求	595	62.3	93	25.7	79	28.5	115	24.8	45	17.1	34	17.6	955
寻求帮助	347	56.5	54	14.9	28	10.1	75	16.2	61	23.2	52	26.9	614
其他协商	149	35.1	58	16	49	17.7	76	16.4	64	24.3	43	22.3	424
总量	1,842		362		277		463		263		193		3,396
百分比（%）	54.2		10.7		8.2		13.6		7.7		5.6		100

表7-2展示了五种会话协商，即理解核实、求证核实、澄清请求、寻求帮助和其他类协商所引发的言语产出状况，包括修正输出和非修正输出五种类型。与9种互动任务中互动产出分布状况相似，由五种协商引发的修正输出和非修正输出分布频率也有很大的差异，很显然，修正输出总量高于非修正输出总量。从表7-2可见，由理解核实协商类型引发的修正输出在5种协商中频率最低，仅132，占37.7%。而相对而言，求证核实协商类型所引发的修正输出总量最高，为619，占

58.8%。位于第二位的是澄清请求，引发595次修正输出；第三位的是寻求帮助，为347；然后是其他协商类型，为149，占35.1%。

这些结果表明，本研究中的学习者在同伴协商启发后有能力修正他们有问题的话语和处理互动沟通中的障碍。但是，不同类型协商启发在修正输出或言语产出中起着不同的作用。其中，由"求证核实"引发的修正输出频率远远高于其他类型协商所导致的修正输出频率，此结果与之前相关研究（Foster & Ohta，2005；Iwashita，2001；汪清，2011）的结果部分不同。在 Foster & Ohta（2005）的研究中，20位英语学习者在同伴协商启发下获得修正输出，但其频率较低，仅10次。他们发现有46处不太清晰的沟通问题话语并没有最终解决而获得修正输出。Iwashita（2001）也发现，虽然在他的语料中学习者常能提供互动反馈，但互动反馈的频繁出现并没有获得大量修正输出。同样，以我国外语环境下的学习者为调查对象，汪清（2011）却发现参与者互动产出中的修正输出频率低于非修正输出频率。

我们发现，本研究结果与之前相关研究结果不同的一个根本原因在于，不同研究中学习者所完成的互动任务本质不同。在我们的研究中，课堂语言教学中教师布置的互动任务属于开放型任务本质，它有益于互动双方更好地互换信息和共享信息，也更有助于互动反馈和修正输出产出量的增加。造成结果不同的另一个可能因素是，本研究的修正输出频率和发展趋势是依据学习者在3个学期内即9次互动任务中的修正输出频率的发展状况统计而成的。随着课堂互动实践的多次进行以及学习者英语水平的逐渐上升，学习者互动能力逐渐提高，互动产出的总量，尤其是修正输出频率也会随之逐渐提高。而之前相关研究中的修正输出总量是基于一次性语料调查结果。同时，两人一组的互动讨论形式也有助互动产出总频率以及修正输出频率的提高。

由表7-2还可见,"求证核实"和"澄清请求"协商类型相较其他三类协商类型更能启发修正输出,其频率分别是619和595。此研究结果进一步表明,这两类协商更有助于学习者获得修正输出。此外,我们的调查还发现,同伴之间特有的"寻求帮助"类协商启发形式也导致了较高比例的修正输出(347)。

另外,表7-2还显示,课堂语言学习中的协商话语不仅导致了修正输出型言语产出,还产出了约40%的5种非修正输出类型。在5种类型的非修正输出中,"修饰失败"最常见,其频率最高,约占13.6%;其次是"重复启发",为10.7%;"重复失误源",8.2%;"转换话题",7.7%;以及"表达困难",仅占5.6%。

这些结果说明,同伴互动会话过程中并非所有的言语偏误都被学习者敏感或修正,也并非所有的交际沟通障碍都能获得解决。然而,非修正输出的出现并不能证明互动交流的失败。相反,通过对非修正输出的言语语料的剖析发现,非修正输出的言语产出能为学习者创造更多潜在的言语产出机会,刺激双方努力以进一步修正话语、互换信息、促进沟通。因而,它们能为学习者语言实践创造更多的机会。

"课堂语言学习中互动会话言语产出特征"探究可从不同互动任务中产出频率特征和不同协商类型产出频率特征的剖析获得相关结果:

第一,课堂语言学习中同伴互动会话常导致"修正输出"和"非修正输出"两种言语产出类型,其中非修正输出又可进一步分为五种类型。

第二,学习者"修正输出"类言语产出频率高出"非修正输出"频率；随着多次互动任务的完成，学习者"修正输出"频率会随之逐渐提升。

第三，不同类型协商话语导致了不同频率的修正输出；其中，"求证核实""澄清请求"和"寻求帮助"等协商类型比其他类型协商话语更易导致修正输出。

第四，同伴互动任务的"开放型"本质和两人一组的互动形式导致本研究修正输出频率高于其他相关研究中的修正输出频率。

7.4 讨论：互动言语产出特征在语言实践中的体现

根据上节课堂语言学习中学习者互动会话言语产出特征结果，本节将进一步探究互动言语产出特征对学习者语言实践的影响，焦点集中于学习者在"失误源 → 协商启发 → 言语产出"序列中如何获得语言学习和认知发展的机会。

在社会文化和社会认知视域下，依据会话分析框架，本节的分析主要集中在协商产出实践和学习机会获得之间的关系，即互动任务完成过程中互动参与者与他们的社会认知世界之间所发生的一切。相关讨论集中于学习者如何创建机会构建话语、促进认知发展，以及言语产出特征所体现的互动模式特征及其对语言习得的影响，旨在揭示学习者、互动同伴、互动工具、互动环境在多功能言语产出中的功能体现。

7.4.1 知识共建和认知协同

基于互动假设，修正输出有利学习者第二语言发展历程。通过言语互动、协商启发、修正输出等系列过程，学习者获得更多言语产出和修正机会，有利其中介语的发展。本节拟在社会认知和社会文化理论框架中,重点剖析课堂互动实践中"修正输出"现象在学习者第二语言发展历程中的作用,特别关注语言磨合和重塑过程中学习者、同伴、互动任务、互动环境和言语知识构建之间的关系及其在语言习得和认知发展历程中的微变化特征。

本研究发现,在课堂互动任务完成过程中,学习者常互帮互助,协商启发,推动互动进行,促使语言共建。"语言共同构建(co-construction of lanuage)"指"互动双方共同创造话语,或一方主动参与另一方已开启的话语,或互动双方相互协商共同构建话语"(Foster & Ohta,2005:420)。对语料的序列分析显示,学习者语言知识共建过程是交织在友好、自由、主动的氛围中完成的。在积极和谐的氛围中,通过"寻求援助→提供援助→接受援助"历程,学习者积极参与与同伴、认知工具、认知环境之间的互动,最终获得知识,完成原本难以独自完成的话语,促进其社会语言能力、社会互动能力和社会认知能力的共同提高。

节选7.1中的互动会话言语产出特征发生于互动双方单词搜索的会话情境。Dianna和Tina正在完成本研究的第11项课堂互动任务,对"大学老师应该如何公平公正对待学生"的话题进行讨论。此项讨论主题基于同学们刚刚学完的综合英语课本中的课文内容,教师要求学生讨论中尽量借用课文中的好词、好句、好段来表达自己的观点。因为话题较为熟悉,现场笔记显示同学们对话题很感兴趣,每组对子都能很投入地、热烈地参与讨论。同时,录像资料和观察笔记显示,讨论过程中若遇到难以表达的意思或无法找到的词汇,学习者往往会借助课本内容或借助具有上网功能的手机来解决困难。

图7-1展示会话开展时的情境,书桌上摆放着会话资料、书籍、笔和分别用于录音和用来当作字典使用的两台手机等。

图 7-1　两学习者正在认知工具的协助下完成互动任务

那台用于搜寻词汇信息、查询单词的手机可视为一种认知工具，在互动任务完成过程中明显起着一种驱使促进的功能（Reichert & Liebscher, 2012）。

　　Dianna 和 Tina 正在讨论作为一名优秀大学老师应该如何公正地对待自己的学生，学生又该如何与老师们和谐相处。节选 7.1 展示讨论当中，Dianna 正因为难以找到一个恰当的形容词来描述那些优秀而又刻苦的学生而陷入了迷茫（见第 12 行：词汇失误源）。

　　在第 12 行中，Tina 犹豫中（just...）想要用形容词"intelligent"来证实她在第 10 行的想法。可在 Tina 刚提出此词语时，Dianna 立刻意识到此词的不适合性，随之通过"求证核实"协商暗示其不恰当性（第 13 行）。在 Dianna 的暗示启发下，Tina 转换语码，使用汉语对自己拟要表达的意思进行了解释：修正产出（第 14 行）。很明显，此行中的语码转换旨在强调她对单词"intelligent"的认知，同时意在彰显其目前在互动任务中的主导地位。但是，Dianna 并不认可 Tina 的解释，用同样的语码转换形式提出了质疑，并再次启用"求证核实"要求对方回应（第 15 行）。第 15 行的求证核实显示，Dianna 正尽全力寻找与同伴 Tina 的"认知沟通（cross-cognition）"。她（Dianna）使用与同伴（Tina）一样的语码形式完成启发引导，及时展现了自己正与对方的认知思维保持高度的协同一致，并向对方传递"我和你在一起"的感觉（Atkinson，2010：609）。在社会认知框架下，话语重叠、身体语言、手势、运动方向等都常被互动双方作为寻找相互认知的策略手段。在本研究中，我们发现，我国外语环境下学习者也常使用语码转换形式来获得与对方的协同一致。

为应对 Dianna 的求证核实，Tina 先是犹豫了一秒钟，继而对之前的单词"intelligent"进行重复：重复失误源（第 16 行）。虽然同伴的协商启发没有帮助 Tina 获得修正输出，但此行的非修正输出形式——"重复失误源"却暗示，Tina 一方面坚持自己对该词的认知，但另一方面，她的犹豫语气以及"right"一词的使用暗示，她已开始怀疑自己对"intelligent"一词选择的正确性，也就是说她正受到同伴认知协同启发的影响。正是 Tina 的"非修正输出"刺激 Dianna 在第 17 行采纳"澄清请求"协商，进一步给同伴提供关于语言专门知识的认知源泉，即是"勤奋"的意思吗（第 17 行）。此行的"澄清请求"仍是以语码转换形式出现的。显然，在语言学习历程中，语码转换在语言学习者共同构建语言知识、促进双方认知调节等方面起着重要的作用（Martin-Beltran，2010；王晓燕 & 王俊菊，2012）。

针对同伴的"澄清请求"，Tina 没有直接向对方澄清意思，而是"转移话题"，提出一起用手机字典来查找正确单词的建议（第 18 行）。此处的非修正输出"转移话题"表明，Tina 仍不情愿接受同伴关于"intelligent"一词的质疑，暂未获得与对方的认知协同，而是想求助认知工具——手机字典来选择更合适的答案。

节选 7.1

......

8	Dianna：	So, if you were a teacher, would you pay more attention to the clever student	
9	Tina：	I don't think I will pay more attention to them, but but perhaps I will like them	
10		more, I think they are not easy	
11	Dianna：	they are not easy?	
12	Tina：	I mean they they are not just en. just.. intelligent	词汇失误源
13	Dianna：	intelligent?	求证核实
14	Tina：	【就是那个智力嘛】	修正输出
15	Dianna：	【智力?】Er? intelligent?	求证核实
16	Tina：	en. (1) intelligent? Right? ((犹豫状))	重复失误源
17	Dianna：	【勤奋?】	澄清请求
18	Tina：	OK. Let me look up the dictionary. ((拿出手机,上网查单词))	转移话题
19	Dianna：	OK. ((和 Tina 一起在手机上查找单词))	
20	Tina：	en. ((继续认真地查手机字典))	
21	Dianna：	Look. ((突然变得很兴奋状,边指着手机上字典中的单词边说))	
22		intelligent【理解力】	
23	Tina：	so so (::) ((看着 Dianna,感觉有点尴尬))	
24	Dianna：	So I think it's diligent	
25	Tina：	how to spell? ((开始在手机字典中查找"diligent"这个词))	

			寻求援助
26	Dianna:	d-i-l-i-g-e-n-t	修正产出
27	Tina:	en（（继续查找手机字典）） en. yeah. Diligent.	
28		So I think they are not just clever, but very diligent	
			修正输出
29	Dianna:	en. work hard, have done a lot	
30	Tina:	yeah.	

……

在第 19 行，Dianna 显然接受同伴的建议，参与查找单词的行列。显然，互动双方行为动作的一致为互动的顺利进行奠定了坚实的基础。很快，Dianna 从手机字典中找到关于"intelligent"一词的解释（第 22 行）。

当 Dianna 在第 24 行提出另一新单词"diligent"时，互动双方原有的"启发→产出"秩序发生了改变，由原来的 Dianna 启发，Tina 产出，转为由 Tina 启发，Dianna 完成言语产出。第 25 行的"寻求援助"协商方式说明，Tina 已同意接受同伴 Dianna 提出的更合适的单词"diligent"，暗示 Tina 已完成和同伴关于单词"diligent"的相互认知协同过程（aligned intercognition）。最后，在同伴 Dianna 以及认知工具手机字典的共同帮助下，Tina 成功地获得了对单词"diligent"的认知，并通过对先前表达进行润色修饰，完成了最终的"修正产出"（第 28 行）。至此，Dianna 的"修正产出"完成了多重社会认知任务：掌握了"intelligent"和"diligent"两词的不同释义；对两词用法上的差异有了更深的理解；能成功地对"diligent"进行诠释；与同伴逐渐获得关于话题主旨的协同认知，并最终接受同伴"专家"身份。

继而，Dianna 又在第 29 行对单词"diligent"进行了解释，再次加强了双方的协同认知。至此，经过互动双方好几轮的"协商→反馈→再协商→再协商启发→产出"，最终获得了满意的选择。通过互动协商序列"失误源→多序列协商话步→互动产出→修正输出"，互动双方完成了学习者、同伴、互动任务、认知工具之间的互动协同和对语言知识的共同构建过程。

7.4.2 重铸反馈与言语产出

重铸（recasts）是语言互动实践中一种重要的反馈方式，是一种隐性的纠错反馈方式，在保留原句意思的基础上同时纠正其中一处或多处错误之后的重述（Lyster & Ranta，1997，2006）。许多学者通过各种实证探究已证实，重铸在二语习得过程有帮助语言学习的功效。Nicholas 等人的研究认为，不论在什么样的环境下，只要学习者能意识到重铸是对其错误话语的反馈，那么，重铸反馈就能促进二语习得（Morris，2003；Egi，2004；Ellis，2006）。Lyster & Rantar（2006）认为，重铸是教师在保持原话语中心意思不变的前提下对学生话语更正错误后全部或部分内容的重复。通过重铸反馈，可补充话语中缺失的信息，可提供正确语法句式，可提供不同的表达方式但不改变原话语意义。

至今，大多重铸反馈都建立于师生互动语境，即教师重铸反馈对学习者言语产出的作用。鲜有研究涉及我国外语环境下学习者同伴互动实践中同伴重铸反馈特征及其对言语产出和言语修正的作用。鉴于此，基于课堂互动会话言语产出特征的研究结果，我们对同伴互动实践中重铸反馈表现特征及其对互动双方的言语产出、认知发展和关系维护的功效展开讨论。

第 7 章 结果与讨论：互动会话言语产出特征

重铸在课堂同伴互动实践中，涉及学习者、同伴、目标语言、互动任务等多个因素。课堂互动任务完成中，学习者对互动同伴进行重铸反馈纠错是一种隐性的交际行为，互动一方进行重铸反馈的目的是想让同伴明白自己的交际意图，即互动一方纠正另一方话语或信息错误时，另一方要对反馈话语进行推理。如果推理成功，另一方就能明白或意识到同伴的意图，并成功地修正偏误，产出话语；若推理不成功，则只能接收到信息意图，即同伴在机械地重复自己的话语；但即便推理不成功，至少也能感知同伴对自己话语或表达的关注。

社会文化和社会认知理论认为，交际是一个互明推理的过程，交际双方能达到互明是话语获得关联的基础，话语双方不能互明话语就无法建立关联。在课堂同伴互动任务的完成中，互动环境是轻松愉快的，互动双方的社会地位与心理因素是相似的，这在一定程度上有利于话语互明推理的完成，有助于重铸话语导致修正产出成功的频率。但是，互明是一个相对的概念。由于学习者的感知能力、认知能力、语言水平的差异，他们对同伴重铸反馈的意识程度自然不同，或他们开启重铸话语的成功性也不尽相同。

下列节选7.2就是一则同伴互动过程中，"言语错误／言语表达困难 → 重铸反馈 → 接受反馈＋修正产出"的实例。Mike 和 Linda 正在进行第4次任务，关于"友谊"的探讨。

节选 7.2

1　Mike：　　friendship friendship en. how to maintain friendship：en. en：：

2　Linda：　　（（微笑地看着 Mike））【别紧张啦】

3　Mike：　　En. I think friendship. . ［friendship

4　Linda： ［so what do you think of the friends?（（指着课本））
5　Mike： I think we should (0.2) we should be be honest ＝
6　Linda： ＝ **be honest to each other**?　　　　　重铸反馈
7　Mike： Yeah. Be honest【忠诚 忠诚 互相忠诚】lo::（（看着 Linda））
8　Linda： **loyal**? **be loyal to friend**?（（看着 Mike））
　　　　　　　　　　　　　　　　　　　　　　重铸反馈
9　Mike： Yeah loyal loyal be loyal and honest to friends
　　　　　　　　　　　　　　　　　　　　　　修正输出
……

此例由 Mike 先开启了会话，然而他犹豫不流畅的话语（见第 1 行）显然暗示他有困难继续引导讨论的进行。但是，同伴 Linda 面带微笑，用安慰的话语（见第 2 行）不断地鼓励和引导他继续话题。当 Mike 想表达朋友之间的友谊就是相互之间应该忠诚相待时，显然"忠诚"的英语表达令他陷入困境，不断重复单词"friendship"（第 3 行）。基于此，Linda 两次利用"重铸"方式启发诱导 Mike 产出话语。Linda 在第 6 行（"be honest to each other"）和第 8 行（"be loyal to friend"）两次使用重铸，旨在尽力地缩小与 Mike 自己的认知差距，尽力地协调认知，以积极地引导同伴 Mike 参与互动，共同完成互动任务。为了"重铸反馈"能让 Mike 更好地理解和接受，伴随两次重铸反馈话语都使用句尾声调，以及眼神（见第 8 行）以增加启发诱导功效。而对于 Mike 来说，在他对重铸理解过程中，Linda 的各种语言知识，如两次的关键词（honest 和 loyal）及非语言的知识，如伴随两次重铸反馈的句尾声调和第 8 行的身体语言（Linda 的眼神：看着 Mike）之间相互交织功效明显。Mike 通过它们之间的交互作用来建构所听话语的意义,最终完成修正输出(第9行)。

由于同伴之间的社会地位和心理因素相似,认知能力和推理能力均相仿,学习者会对同伴之间的重铸反馈更容易感知。

很显然,同伴互动中的重铸反馈为互动双方创建了更多的语言实践机会。对于重铸使用一方,反馈形式可为学习者获得认知回顾机会,搜索词语表达以引导同伴言语产出或修正输出,同时也为自己和同伴提供认知协同和建立友好关系的机会。而对于接受反馈一方,学习者可获得帮助,以修正自己话语,掌握相关知识,完成独自一人难以完成的任务,激励他或她更积极地参与互动。同伴互动实践中的反馈可提高言语产出总量,促进学习者的语言习得,构建良好的社会关系,促进社会认知的发展。

因而,为提高学习者重铸反馈功效,有意识地给学习者进行一些相关培训是很重要的。比如,让学习者了解和熟记一些词语和表达以学会凸显目标语言。因为学习者学会尽可能地凸显重铸反馈可更容易地唤起同伴的意识,提高修正产出效果。同时,还可借用非言语方式,如眼神、身体方向、手势、音调等来加强语境效果,获得最佳关联,这样可使同伴在特定的语境中进行推理时付出较小的努力,提高反馈效果。

7.4.3 互动产出模式及其影响

分析互动会话言语产出特征发现,学习者的互动会话常常在友好、自由和积极氛围中进行。轻松愉快的互动环境有利于互动双方争夺话语权利,彰显"社会地位",创建"社会关系"。

对课堂同伴互动言语产出特征的调查发现,四种互动模式明显出现在学习者互动会话完成过程中。其中,三种互动模式,即"合作型(collaborative)"模式、"专家—新手(expert-novice)"模式、"控制—控制(dominant-dominant)"模式与之前相关研究结果类似(Storch,2002;Zheng,2012)。同时,本研究也发现,"专家—专家"型互动模式也常出现在课堂同伴互动会话中。

四种课堂同伴互动模式依据互动过程中的"平等性(equality)""相互性(mutuality)"(Storch,2002)和"主动性(initiative)"的高低等标准划分。详尽的语料分析和课堂观察可见,相较"控制—控制"型互动模式,"专家—专家"型、"合作"型、"专家—新手"型互动模式更有助学习者积极参与,互帮互助,共同构建知识,共同促进社会认知的发展。

7.4.3.1 "合作"型互动模式

在"合作"型互动模式中,互动双方共同努力,协同认知,推动话题讨论的顺利进行。这种互动模式的突出特点表现在以下方面:互动双方始终共同合作地解决各种沟通交流障碍或各种言语问题,以"一种系统参与模式分配(in a symmetrical participating mode distribution)"(Zheng,2012)形式完成教师布置的讨论任务。这种模式更易于导致"多重协商→产出序列"以及多种信息的提供。总之,这种互动模式有利于平等、互助、和谐的会话情境的构建,有助于互动任务的高效完成。很明显,此种模式存在高平等、高相互性特征。

上节中的节选7.1即为此种互动模式的案例。在节选7.1中,Dianna 和 Tina 通过单词搜寻历程"intelligent → diligent",相互帮助,相互协同认可,合作共进,最终共享认知,共创知识构建机会,为互动任务的顺利完成、语言输入、言语产出提供了坚实的社会基础。

7.4.3.2 "控制—控制"型互动模式

在"控制—控制"型互动模式中,互动双方的最大特点是,各自尽力掌控在互动会话中的话语权利和社会地位。研究发现,贯穿此模式的互动过程,互动双方都在努力强调自己的观点,而不情愿接受同伴的意见或话语。关于协商话轮,互动过程会经常出现一些请求核实或澄清请求的协商话语,但往往很难获得对方的回应,或很难实现共同的修正输出。相反,互动双方会常常基于沟通问题或言语偏误而争辩或挑战不休,直至最终都难以解决问题。很明显,此种互动模式属于典型的"平等性高"但"相互性低"的特征。以此种模式进行的互动结果往往是双方难以从对方获得帮助,双方合作解决困难的话轮很少。

在本研究语料中出现了许多类似模式。但是,值得一提的是,不同于 Storch(2002)的研究结果,我们发现,此种互动模式并非贯穿于整个互动任务完成历程中,也就是说,随着互动讨论的不断进行,双方的互动模式常发生改变。如下面的节选 7.3。

节选 7.3

1	Victor:	Hello. En. Let's talk about Lei Feng's Spirit
2	Apple:	Hello.
3	Victor:	Lei Feng. En. uh. Lei Feng a good example. Yeah?
4	Apple:	en ? <u>理解核实</u>
5	Victor:	He's a good example, a good model. OK? <u>重复失误源</u>
6	Apple:	Yeah. Of course. But why he was a good example? <u>澄清请求</u>

7	Victor:	en. a good example	修正失败
8		【°怎么说呢?° 嗯:::】((小声嘀咕))	
			其他类启发
9	Apple:	【他做了很多好事呀 帮助了很多人呢 从这方面说吧】	
			"其他类失误源"
10	Victor:	【但帮人不一定是好事呀 考试帮人还舞弊呢】	
			修正输出
11	Apple:	【晕死】So so you will not help others?	澄清请求
12	Victor:	en.	重复启发
13	Apple:	Then, if one day, an old man suddenly fall down on the ground before you,	
14		will you help him?	求证核实
15	Victor:	Of course, it's natural, it belongs to belongs to the concept of (.2)	修正输出
16:		Of personal personal　[per	词汇失误源
17	Apple:	[personal what?	澄清请求
18	Victor:	【素质 素质】	修正输出
19	Apple:	then, what do you mean personal character?	
			澄清请求
20	Victor:	en, I will do what I can do	修正输出
21	Apple:	So, in fact, sometimes you are just a living Lei Feng ((微笑着说))　yeah?	
22	Victor:	((尴尬地微笑着)) en.	重复启发

……

在节选 7.3 中，Victor，一位男生，和 Apple，一位女生，正在谈论话题"你怎么看待个人空间和雷锋精神？"（见附录 2

任务10）。

很显然，从互动会话开始，由于双方不同的认知观点导致双方均不情愿接受对方的意见和观点，双方不断展开激烈的争辩和话语争夺战争，互动历程呈现了明显的"控制—控制"模式。

这种"控制—控制"互动模式具体表现：当 Apple 在第9行提供一个积极的建议时，Victor 以消极形式进行回应，努力控制自己的话语主导地位（第10行）；当 Apple 提议将雷锋精神的探讨焦距于雷锋为人民服务、积极做好事方面时，Victor 却通过考试中"相互帮助"的不良风气提出了异议。显然，Apple 的协商与 Victor 的产出序列显示，互动双方在话语权方面地位平等，但相互合作、相互协商的和谐性低。

为缩小自己与 Victor 在关于雷锋精神的认知理解上的差距，Apple 在第14行再次使用"求证核实"协商，以引导对方接受自己的意见，达成与自己一致的认知。在 Apple 的启发下，Victor 给出了"修正输出"，但仿佛仍坚守自己的地位（…, it's natural…, 第15行）。在接下来的序列中，即"关于'素质 personal character'的词汇失误源→协商启发→言语产出"（从第13行至第22行），Victor 总共完成3处"修正输出"和1处"重复启发"等4次互动产出结果。

这4次互动产出完成了多重社会认知任务：澄清对雷锋精神本质的部分理解（第15和16行）；证实词组"素质（personal character）"的意思（第18行）；将"素质"的含义与话题本质结合起来以对雷锋精神更好地理解；与同伴逐渐获得关于话题主旨的协同认知，并最终接受同伴关于雷锋精神本质的看法（第22行）。

至此，通过学习者、同伴以及互动任务主题之间的互动，最终完成了构建共享认知（shared cognition）的历程，为两位学习者继续完成他们的互动任务提供了坚实的社会认知基础。

此外,随着共享认知的获得,两位学习者之间的"控制—控制"互动模式也逐渐改变为"合作"型互动模式,即积极合作,相互协同,共同进步。本研究发现,随着协商—互动序列的发展,互动者之间的互动模式也会随之发生改变,这一结果与先前的相关研究结果(Storch,2002)不一致。Storch 认为,"在整个互动任务完成过程中,双方的互动模式是基本保持不变的"(Storch,2002:149)。

7.4.3.3 "专家—新手"型互动模式

在"专家—新手"型互动模式中,互动双方中的一人似乎被赋予了专家或教师的职责。在整个互动过程,这位"专家"全程负责引领讨论任务的开展,推动会话的进行,并力邀同伴参与互动过程。

在我们曾展示过的节选 7.2 中的 Linda 和 Mike 的关系明显为专家和新手的关系。Linda 扮演着专家的角色,始终鼓励 Mike 表达自己的观点,并多次帮助他积极参与讨论,共同完成任务。Linda 是"专家",但她并不是话语的"控制者",因为她并没有把自己的观点强加给 Mike,反而对 Mike 的言语产出表示极大的兴趣,并力图跟上他的思维,调节自己和他的认知差距。Mike 作为一个"新手"参与者,假定自己的被动的、初学者地位。没有同伴的帮助,他似乎难以独立解决语言问题。正是在 Linda 的帮助启发之下,Mike 才习得了对"honest"和"loyal"的相关知识,并能将它们正确运用,如第 10 行的"…be loyal and honest to friends",直到获得完全认知(参见节选 7.2)。

节选 7.2

1　Mike： 　friendship friendship en. how to maintain friendship：

2　Linda：　((smiled and looked at Mike))【别紧张啦】
3　Mike：　En. I think friendship.. [friendship
4　Linda：　[**so what do you think of the friends**?((指着课本))
　　　　　　　　　　　　　　　　　　　　　　　<u>澄清请求</u>
5　Mike：　I think we should (0.2) we should be be honest =
6　Linda：　= **be honest to each other**?　　　<u>证实核查</u>
7　Mike：　Yeah. Be honest【忠诚 忠诚 互相忠诚】lo::((看着Linda))
8　Linda：　**loyal? you mean be loyal to friend**?
　　　　　　　　　　　　　　　　<u>证实核查</u>&<u>澄清请求</u>
9　Mike：　Yeah loyal loyal be loyal and honest to friends
……

然而，本研究的语料分析发现，像Mike这样的新手参与者没能积极参与讨论任务，也许并不在于他们的语言水平较弱，而是由于他们互动的热情不高，积极参与的主动性较弱，仿佛是"被参与"。因此，笔者认为，"专家—新手"型互动模式在本研究中也许能更确切的理解为"积极参与者—被动参与者"的互动模式。

7.4.3.4　"专家—专家"型互动模式

不同于Storch（2002）和Zheng（2012）的有关同伴互动模式研究结果，本研究对同伴协商互动产出过程的剖析还发现，课堂同伴互动除"合作"型、"控制—控制"型、"专家—新手"型等三种互动模式外，还明显存在"专家—专家"型互动模式。

节选 7.4

......

15	Linda:	Do you think the er: <u>some some leaders</u> in (.) Con: Conocophillps should be arrested?	内容失误源
16	Lily:	hm. (.) Arrested?((gazed at Linda))	求证核实
17	Linda:	en. arrested	重复失误源
18	Lily:	arrested? <u>No</u>:::	内容失误源
19	Linda:	Don't you think it's it's a en. a criminal case?((看着 Lily))	理解核实
20	Lily:	er I I don't think it need a it needs that serious punishment.	修正输出
21		Isn't it a natural incident?	理解核实
22	Linda:	But I think they are deliberate.	修正输出
23	Lily:	they don't deliberately do it, they they don't want to cause this cause terrible incident	
24	Linda:	No, I don't think so. I heard that this oil leak is caused by <u>illegal mi (.)</u> mining.	内容失误源
25	Lily:	Oh, really?	求证核实
26	Linda:	Yeah. Of course it's true. OK?	修正输出 & 澄清请求
27	Lily:	So I think the leader should be punished, or even be arrested.	修正输出
28		As a leader, we should be serious to all the things Do you think so?	理解核实
29	Linda:	en, you are right.	无修饰重复

......

第7章 结果与讨论：互动会话言语产出特征

在"专家—专家"型互动模式中，互动双方都力争展现自己"专家"的地位，双方相互帮助，相互支持，虽然时常出现话语争夺、身份彰显的话语，但双方相互尊重，明显具有"地位平等""相互性强"等特征，双方为互动会话的顺利进程做出了贡献。节选7.4中的Linda和Lily就是在这种互动模式中，和平共处，友好协助，积极而主动地展示自己的话语权力和专家地位。

不同于"控制—控制"型互动模式，在节选7.4的互动过程中，Lily和Linda的地位是平等的，她们共同分配任务，管理话题，推动会话进行，既强调自己的认知观点，又能接受同伴的意见看法，积极参与同伴互动，在同伴协商启发下获得修正输出。整个互动过程可发现多重"失误源 → 协商启发 → 言语产出"序列。如在此节选中，针对第15行Linda的"内容失误源"，即康菲公司领导是否应该接受严厉受罚一事，互动双方经过：各自表达自己的观点→争辩→协商→启发→言语产出，直到最后（第29行）Linda的成功修正（无修饰重复），完全接受对方观点，达成一致意见。通过这些协商—产出序列，互动双方协同认知，协调关系，既提出各自观点，又能在磨合中共同解决言语和沟通问题，为语言实践提供了更多的机会。

很显然，在"专家—专家"型互动模式中，互动双方都勇于提出自己的认知看法，又都情愿接受对方观点，通过提供援助和接受援助策略，积极响应对方请求。相较"合作"型互动模式中的互动双方，他们能更主动、更热情地投入任务的完成。同时，也会付出更大的努力来展示身份和专家地位。而且我们发现，这种"专家—专家"型互动模式不仅存在于优秀的学习者之间，也常出现于没有那么优秀或没有那么有能力的参与者之间。互动双方在积极参与构建身份的同时，获得了更多的语言学习和认知发展的机会。

7.5 小　　结

本章汇报了课堂语言学习中社会行为特征的第三种特征表现：学习者互动产出特征及其在语言实践中的体现。

本研究发现，课堂语言学习中同伴互动产出有如下特征：

首先，互动任务完成中，几乎一半总量的协商启发都能获得修正输出；随着协商互动实践的多次开展，修正输出频率不断增加；

其次，除修正输出之外，学习者的协商启发还引导出5类非修正输出形式：重复失误源、重复启发、修正失败、转移话题和表达困难；

再次，在5种协商类型中，"求证核实"和"澄清请求"最易导出修正输出，其次是"寻求帮助"类协商形式；

最后，当学习者修正话语时，他们倾向于通过重铸、解释、翻译等策略来进行。

课堂语言学习中学习者互动产出特征的主要理由源于以下三方面：

第一，互动任务本质。本研究中的开放式互动任务设计有助于学习者双方交换观点和信息，有助于认知协同发展。

第二，互动讨论模式。两人一组的互动讨论形式能刺激双方更有责任感来产出言语，协商和解决交际问题。

第三，本研究基于社会认知理论对互动协商类型扩展式界定也有益于互动任务完成中修正输出频率的提高。

课堂同伴互动会话言语产出特征在语言实践中的体现：

（1）对学习者同伴互动会话言语产出特征的调查和分析可见，协商—产出过程为学习者创造了更多的共同构建语言知识、共同创建认知协同的机会。

（2）同伴互动实践中的"重铸反馈"有助于互动双方的认知回顾、语言知识获得、互动能力提高和社会关系的构建。给予学习者重铸反馈策略培训，可引导学习者更积极地参与互动，提高学习动机，促进互动功效。

（3）在本研究中，学习者的协商—产出过程常常呈现四种互动模式："合作"型互动模式、"控制—控制"型互动模式、"专家—新手"型互动模式和"专家—专家"型互动模式。四种互动模式具有不同的互动特征，在语言实践中具有不同的功能体现，其中，"专家—专家"型互动模式、"合作"型互动模式和"专家—新手"型互动模式更易引导学习者获得更多的语言习得和认知发展机会。

第8章 结论：社会行为特征研究的启示与局限

8.1 引　　言

　　此章对本书的主要发现进行概括总结，并指出其研究结果与发现所带来的理论启示，焦点于课堂语言学习中社会行为特征本质探究，以及研究给语言习得和语言教学所带来的实践启示。最后提出本书研究的局限，以及今后相关研究的方向和研究的课题取向等。

　　依据社会文化和社会认知理论，通过与先前相关研究的对比分析，本章对课堂语言学习中同伴互动协商本质进一步剖析，旨在揭示语言习得、认知发展、社会关系维护、社会身份彰显是如何通过互动任务的完成而获得的。同时，本章进一步探究影响学习者社会行为特征的各种语言、文化、认知和社会因素，以更好地促进语言学习者社会语言能力、社会认知能力和社会互动能力的共同提高。

8.2　社会行为特征研究的主要发现

　　基于我国外语环境下课堂语言学习的真实语料，在社会文化和社会认知视域下，利用会话分析为主、定量分析和定性分析为辅的研究方法，本书第5章"互动会话语码转换特征研究"、第6章"互动会话修正模式特征研究"和第7章"互动会话言语产出特征研究"从三大方面分别对课堂语言学习中的社会行为特征进行了探究,获得一系列研究结果。

8.2.1 语码转换特征研究结果

对课堂学习者同伴互动任务完成中的语码转换现象的调查和分析,发现如下结果:

(1) 语码转换现象出现在本研究语料收集阶段的所有互动任务中,但不同类型互动任务和不同难易程度的互动任务常导致不同频率的语码转换现象出现。

(2) "卡片提示"型任务中的语码转换频率相对较低,虽然能促进英语表达的流利性,但不利于学习者思维扩展和认知能力的提高;"图片分析"型任务完成中的语码转换使用频率略高,语码转换频率的提高虽有碍语言表达的流畅,但其有益于语言表达的丰富和认知思维的拓展。

(3) 且随着语言水平和互动能力的提高,互动会话中的语码转换频率会逐渐降低,但未能全部消失。

(4) 互动会话语码转换在语言习得的历程具有多种功能,可视为一种话语、认知、交往策略,涉及异性交往技巧、话语标记语、会话修正等不同作用。

总之,互动会话语码转换特征的研究结果表明,学习者互动任务完成中会不同程度地使用语码转换作为互动策略;随着语言水平和互动能力的提高,语码转换频率会随之降低。不同类型和不同难度的互动任务会导致不同频率的语码转换出现,这是由互动任务本质决定的。同伴互动中的语码转换具有多种功能,通过同时对两种语言的共同使用,可为元语言分析、认知思维和语言知识共建创造更多机会。因此,语言学习过程中语码转换的适当使用有助于培养外语学习者的学习兴趣,提高其认知思维能力，加强学习者之间互帮互助、共同合作的精神。

8.2.2 会话修正特征研究结果

课堂语言学习中会话修正特征的分析与研究来自于以下研究变量：

第一，语言学习者会话修正模式特征研究的语料数据分析和文本证据分析。语料数据分析和文本证据分析基于所收集的课堂同伴互动会话语料。研究结果发现：

（1）会话修正是课堂语言学习中同伴互动任务完成中的常见现象。学习者互动会话中常存在四种修正模式：自我启发—自我修正、他人启发—自我修正、自我启发—他人修正、他人启发—他人修正。

（2）其中，自我启发—自我修正所占的频率相应最大，此种修正模式主要发生的位置为阻碍源同话轮、话轮转换处和第三话轮处，研究结果与 Schegloff, Jefferson and Sacks（1977）提出的自我修正偏好模式一致。

（3）关于修正类型，研究发现，生生互动的修正类型根据失误源的不同可分为词汇修正、语音修正和句法修正三种。其中，针对词汇层面失误源的会话修正最多，并且在词汇修正中词汇重复修正又最多。

（4）学习者在互动会话中更倾向于使用自我启发修正，但他人启发修正也常存在于学习者互动任务完成中；说明近1/3 的自我修正是在同伴启发协商下完成的。

（5）生生互动的修正策略有 6 种类型：重复、完成、重构、解释、语码转换和其他修正策略。其中前 5 种策略属于语言层面上的。研究发现，在生生互动中还存在非语言层面上的修正策略，即第 6 种策略，如身势语等。在这 6 种修正策略中,重复策略使用的次数最多,这与重复的特点以及功能密切相关。

显然,课堂同伴互动中,会话修正是种常见现象,并常以4种模式存在。同伴互动修正可表现为6种修正策略,不同修正策略使用的频率表现不一。会话修正在语言学习历程中具有不同的功能。同时,生生互动修正模式会受到课堂语境、互动任务特征以及学习者个体差异等因素的影响。

第二,外语环境下同伴他启修正模式特征研究的语料数据分析和文本证据分析。语料数据分析和文本证据分析基于所收集的同伴互动会话语料,旨在探究他启频率、他启失误源和他启产出等方面的特征及其对语言实践的影响。研究结果发现:

(1) 学习者互动会话中的他人启发频率随着会话任务的开展逐渐升高,为语言实践提供更多机会。

(2) 互动任务完成中针对5类失误源,即词汇失误源、内容失误源、词法/句法失误源、发音失误源和其他类失误源,常出现6种他启策略:非特别启发(NS),特别启发(SI),特殊疑问启发(WH)(针对失误源本质,以特殊疑问句形式启发),重复启发(R),提供参考项启发(OC)和其他类启发(O)。

(3) 6种他人启发策略频率和表现特征各不相同,对辅助言语修正和产出的功效也表现出不同特征。

(4) 在5类失误源中,除内容失误源和词汇失误源之外,"其他类失误源"也为他人启发策略使用时的主要诱导源。

(5) 同伴互动他人启发常导致成功修正和无修正两种形式,其中,成功修正可分为修饰产出、无修饰重复、认可;而无修正即为修正失败、请求援助、转移话题。

(6) 各种他启产出频率不同,通过单次尝试或多重启发,常能获得成功修正。

总之，通过对同伴互动任务完成中他启序列各变量的统计分析和详尽语料分析发现，同伴他启修正不仅有助于语言习得，还有利于认知能力和社会行为能力的提高。因此，对他启修正模式的探究有助于我们更好地理解言语习得过程的本质。

8.2.3 互动产出特征研究结果

基于学习者课堂9次互动任务完成的语料调查和分析，发现以下结果：

（1）同伴互动任务完成中常出现两种言语产出类型：修正输出和非修正输出；其中，非修正输出又可进一步划分为重复失误源、重复启发、修正失败、转移话题和表达困难等5种。

（2）课堂同伴互动会话中，几乎50%的协商启发可导致修正输出结果，随着互动实践的多次进行，修正输出频率会逐渐增长。

（3）在5种互动协商启发中，"澄清请求"和"求证核实"协商类型常能导致较高频率的修正输出。

（4）基于不同类失误源会导致不同频率的修正输出，在前4次互动任务中，"词汇失误源"常导致较高频率的"修正输出"，而后5次互动任务中，由"内容失误源"引发的修正输出频率则更高。

（5）学习者互动产出特征源于课堂语言学习中同伴互动任务的"开放性"本质和两人一组的互动开展形式。

（6）学习者"协商互动—言语产出"过程有利于语言知识的共建和认知协同的发展。

（7）学习者课堂同伴互动任务完成中常呈现4种互动模式，不同互动模式具有不同表现特征和功能特征，其中"合作"型互动模式、"专家—新手"型互动模式、"专家—专家"型互动模式较"控制—控制"型互动模式更有益于学习机会的产生。

课堂语言学习中的互动言语产出特征、特征产生原因以及言语产出特征在语言实践的体现剖析,有助于我们从微观层面更好地发现课堂语言学习中的社会行为特征表现形式、形成原因及其在语言习得、认知发展、社会行为等方面的影响和功效。

8.3 课堂语言学习中的社会行为特征本质

基于课堂语言学习中学习者的社会行为特征,即语码转换特征、会话修正模式特征、言语产出特征等的研究结果,本节拟在社会认知和社会文化理论框架中进一步探究学习者社会行为特征的蕴涵和本质,旨在揭示语言习得、认知发展、身份展示、关系维护等机会是如何构建于课堂语言社区的社会行为之中的,以及学习者社会行为与学习者语言水平、认知心理、互动能力、互动环境和认知工具存在何种辩证关系。

课堂语言学习中的社会行为特征研究结果蕴涵两种互动本质:学术话语社会互动性和学术话语社会认知性。而这两种互动本质通过三方面表现出来,即共同构建话语身份、共同参与认知思维活动、共创互文本和社会文化联系。

8.3.1 共同构建话语身份

在将"专家"、"新手"理念引用到二语习得互动研究中时,许多研究者从不同视域展开了对这组术语传统诠释的挑战。他们将焦点集中于为彰显"专家地位"而争抢话轮的现象,从语言习得视域(Abrams, 2001)、互动假说视域(Cekaite, 2007)、语言社会性视域(Ho, 2011)来探究其成因和本质。研究结果显示,"专家"、"新手"的地位不是一成不变的,而会因为互动语境的变动在互动双方发生更替。基于不同的社会互动环境,学习者常视自己或同伴为某语言知识或专门知识的专家。通过专家身份的展示,互动双方在协商互动过程中或彰显自己拥有相关知识,或表达自己缺乏相关知识。

本书的研究结果可展示学习者在互动任务完成中共同构建"专家—新手"身份的本质。通过对互动语料的详尽剖析,本书揭示了语言学习者与同伴之间在完成教师布置的互动任务过程中,是如何通过语码转换、会话修正、他人启发、互动产出等话语特征,从语言、认知和社会层面构建话语身份和社会身份的。

如在我们曾展示过的节选7.4中,Linda和Lily正在完成教师布置的互动任务,对康菲公司漏油事件进行讨论。围绕康菲公司是否应该接受惩罚的问题,学习者双方通过"产出—失误源—启发—协商—论辩—再产出"序列过程,推动互动讨论的顺利进行和互动讨论任务的圆满完成。而在整个互动协商产出过程中,双方不断争夺话语权利,以赢得专家地位。"专家—新手"身份共同构建于互动序列之中。

节选7.4形象地展示了互动双方是如何逐渐社会化,逐渐主动参与专家身份争夺的互动过程中的。

很明显,此例中的"专家地位"彰显受控于讨论主题,即围绕"康菲公司领导是否因其错误应该被惩罚?"的激烈争辩之中。也就是说,话语权或专家身份是通过以下过程而共同构建的:"Linda首先展示其专家身份,她认为:因犯罪,领导应该被逮捕(第15行)→ Lily对Linda的专家身份展开挑战:不认可'逮捕'的处置办法(第18行、第20行)→ Linda维护其专家身份:(第22行、第24行、第26行)→ Lily情愿接受Linda的专家身份:认可对方的'逮捕'建议(第

27行)→ Lily 成功地赢得新一轮的专家身份（第28行)→ 话题讨论顺利进行"。

节选 7.4

……

15	Linda:	Do you think the er: <u>some some leaders</u> in (.) Con Conocophillps should be arrested?	内容失误源
16	Lily:	hm. (.) Arrested? ((盯着 Linda))	求证核实
17	Linda:	en. arrested	重复失误源
18	Lily:	arrested ? <u>No</u>:::	
19	Linda:	Don't you think it's it's a en. a criminal case? ((看着 Lily))	内容失误源 理解核实
20	Lily:	er I I don't think it need a it needs that serious punishment.	修正输出
21		Isn't it a natural incident?	理解核实
22	Linda:	But I think they are deliberate.	修正输出
23	Lily:	they don't deliberately do it, they don't want to cause this cause this terrible incident	
24	Linda:	No, I don't think so. I heard that this oil leak is caused by <u>illegal mi (.) mining</u>.	内容失误源
25	Lily:	Oh, really?	求证核实
26	Linda:	Yeah. Of course it's true. OK?	修正输出 & 理解核实
27	Lily:	So I think the leader should be punished, or even be arrested.	修正输出
28		As a leader, we should be serious to all the things	

Do you think so?
29　Linda：en, you are right.
……

很明显，在专家身份协商及争夺过程，互动双方获得更多的潜在的语言实践机会。这不仅有助于他们获得语言知识，而且有效地促进他们认知发展和社会互动能力的提高。学习者身份的共同构建历程进一步证实，认知和社会性是相互交织的，语言学习是建立于社会互动之中的（Ho, 2011; Kaanta et al., 2013）。因此，学习者之间的协商互动有助于学习者培养社会意识，遵循语言社区规范，提高社会认知和社会语言能力，最终成为合格的社区成员。

8.3.2　共同参与认知思维活动

社会文化理论（sociocultural theory）认为，语言学习发生在社会和文化语境之中，语言发展是一种自然发生的社会建构过程，首先在人与人之间（interpersonal）进行，然后在个体内部（individual）进行，既是一种认知活动，又是一种社会活动（Xu, Gelfer & Perkir, 2005）。社会认知理论（sociocognitive theory）则强调语言学习是在个人认知与社会的、物质的世界相互作用中进行的，它明确地反对将认知与社会、个体内部与人际之间对立而谈，认为个体认知活动是在社会中、人与人交往中进行和发生作用的（Churchill, Nishino & Okada, 2010）。在社会文化和社会认知理论视域中，"参与"较"内化"更能概括第二语言习得的本质。

在对课堂语言学习中学习者社会行为本质进一步探究的过程中，我们发现，学术话语社会化和学术话语社会认知性是最为突出的本质。这种本质不仅通过"专家—新手"身份构建和展示来体现，而且通过在完成教师布置的互动任务中与同伴共同参与思维和推理的过程来实现。

本研究发现，同伴互动过程中，当学习者共同合作来处理语言问题，或解决沟通困难，或探究讨论主题时往往相互协同，共同参与思维和推理过程。为成功地完成讨论任务，顺利地推动会话进行，互动双方往往会借助先前的和现在的知识来获知新概念，接受新知识，这既促进学习者思维和推理能力，也为语言学习获得了更多的机会（Bataineh & Zghoul, 2006；Chu, 2005；Ho, 2011）。

节选8.1就是一则互动双方相互协同、积极参与批判性思维和推理实践的案例，它为学习者话语社会性和社会认知性提供了更多的实践机会。在这个实例中，Angela和Alice正在谈论作为一名大学老师该如何引导悲观学生走向乐观的话题。

节选8.1

——————————————————————————

……

11	Angela:	en.. then, what would you how would you communicate with the poor students, en.	
12		the pessimistic students?	
13	Alice:	pessimistic students?	求证核实
14	Angela:	yeah. I mean those :: those not clever students （（微笑））	修正输出
15	Alice:	not clever? oh, no.. (.03) why are they pessimistic	理解核实
16	Angela:	because they are not clever, they can't can't they can't do well	修正输出

17	Alice:	you mean they can't get high marks in the exam, so they feel pessimistic, yeah?	澄清请求
18	Angela:	Don't you think so? When I didn't do well in the exam, I ∷ I will feel very bad	
		[and: ((尴尬地笑了))	修正输出
19	Alice:	[and feel pessimistic.	
20	Angela:	en. so I will just treat them like my child and because they are poor, they need me,	
21		and I will be around with them	
22	Alice:	er..I would tell them something about the dangerous, er..the dangerous er situation	
23		they now, they now er∷ face with, they are face with	
24	Angela:	They are face? ((看着Alice))	求证核实
25	Alice:	They were faced with they were faced with	
			修正输出
26	Angela:	Yes, you are right. It's necessary for them to learn to learn∷ to be faced with	
27		different and difficult situations. Do you think so?	
			理解核实
28	Alice:	They should be brave, they should : should ∷ should not be pessimistic	修正输出
29	Angela:	should be optimistic? ((盯着Alice))	澄清请求
30	Alice:	yeah optimistic should be optimistic in the future that's better	修正输出
31	Angela:	yeah. Then be always optimistic, then they will be brave in the future	

第8章　结论：社会行为特征研究的启示与局限

"批判性思维"过程包括"批判性分析讨论主题、对假设提出质疑和挑战、构建社会性和社会认知性"等重要部分。序列第12行中的"悲观学生"问题的提出导致多个协商—互动序列，通过这些协商—互动序列，互动双方 Angela 和 Alice 经历了"提出认知—求证认知—诠释认知—挑战认知—力证认知"的评判性思维和推理活动，最终获得一致意见：作为老师，应该竭尽全力帮助所谓"悲观"的学生，视他们为己出，教授他们如何勇敢地应对人生的低谷。这期间总共出现了6次协商话语（分别在第13行，第15行，第17行，第24行，第27行和第29行）和由此导致的6次"修正输出"。

围绕术语"面对（be faced with）"表达的协商互动序列，互动双方开始预测那些"悲观"学生未来将面临的困难，以及他们未来该如何面对困难的话题。Angela 的"理解核实"（第27行）完成了多重社会认知任务：启发 Alice 核查她之前关于"危险情境"的理解，提出了一个更恰当的表达，对词组"be faced with"进行了证实，将她先前对"悲观学生"可能遇到的危险情境预测与 Alice 的相关预测结合起来，通过句子"do you think so"后的声调促使 Alice 继续下一个话轮。

由此可见，这些"协商—互动"序列巩固了双方的共同认知，为互动继续开展提供了较为坚实的基础。依据 Angela 的启发，Alice 很快地给出了修正输出，继续预测学生们的未来。为回应 Alice，Angela 通过"澄清请求"（第29行）协商形式，提出了"悲观"的反义词"乐观"一词，有助双方思维的扩充。Alice 对此作出了迅速反应，并以"点头"进一步认可。高度一致和高度协同的参与模式可确保互动双方更为积极地参与互动，也为双方创造更多机会，去运用先前知识、经验以及现在的知识和认知，促进了双方的认知思维和推理能力，促进了语言习得和认知的共同发展。

8.3.3 共创互文本和社会文化联系

共同创造互文本和社会文化联系可以理解为，通过多方面的互动合作，将正在被完成的互动任务，与相关信息概念、课本知识、过去经验、社会关系、社会事件、文化习俗等建立相互的联系。

本研究发现，在课堂互动任务完成过程中，学习者常将讨论话题与之前学过的课本知识、课本中出现的相关词汇，或已掌握的语言知识、生活经验、社会文化相关知识等联系起来，以更准确地表达观点，推出主题，完成互动任务。正如 Ho（2011），Zappa-Hollman（2007）所论证的，社会性过程经常包含"参与的互文本轨迹"。

如节选 8.2 中，互动双方 Angel 和 Nancy 正在对第 7 次互动任务"中国地沟油新闻"进行讨论。此项互动任务的设计是为了促进学习者的写作技能，通过学习者之间相互探讨改进写作方法，解决写作问题。为成功地完成此项任务，学习者必须将话题内容与课本中的相关表达、先前学过的语法语言知识、已掌握的相关写作技巧，乃至社会事件、社会中关于此新闻的各种探讨等有机地结合起来，以唤醒学习者对书面写作和口头表达的共同兴趣。

因为写作在许多方式上都不同于口头表达，它需要构建正式语句的更为复杂的过程。在此过程中，作者们必须处理不同需求，如词的选择、句法知识、文本联系、修饰提炼等。因而，在节选 8.2 中我们会发现，互动中更易出现"词汇失误源"和"词法句法失误源"。除"澄清请求""求证核实"协商以外，"寻求援助"协商形式也频繁出现。因为话题的讨论与社会事件有关联，这也要求学习者具有更多相关的社会文化背景知识，以提高对社会新闻的敏感性和对社会事件的认知度。

第8章 结论：社会行为特征研究的启示与局限

节选8.2

......

11	Angel：	en. (.) by media by media (.) but it was not strike by the police (1.2) er：	
12		until this month （（边说边读着正在批阅的习作））	
13	Nancy：	more than one [hundred （（与Angel一起读着习作））	
14	Angel：	[not：not until【直到什么才，直到这个月才被警察】strike?	词汇失误源
15	Nancy：	strike?	求证核实
16	Angel：	what's the meaning of 'strike'?	寻求援助
17	Nancy：	【查一下吧】	"其他类"
18	Angel：	1.1) we must check it in the dictionary （（拿出手机，准备查字典））	
19		(2.0) oh no S-T-R-I-K-E （(looked up the phone)) it means "hit" "hurt" (：：：)	
20		strike?	求证核实
21	Nancy：	en. en. （（looked at the sentence in the paper）） it was not strike by	
22		°the police° er：maybe it means the policemen don't do some er：：	修正输出
23	Angel：	NO 'not until'【直到什么才，直到这个月才，就是警方才】	
24	Nancy：	oh oh oh	
25	Angel：	But but, strike in：(1.3) strike【这个地方怎么翻译?】	"寻求援助"

26	Nancy:	trike	重复失误源
27	Angel:	(2.7) if: if we: if we er: change it into "destroy", maybe it's easy	
28		for us to understand	
29	Nancy:	(0.7) destroy?	求证核实
30	Angel:	yes.	重复失误源
31	Nancy:	no. there is a "destroy" here.【不能重复不能重复用 老师上次说啦】	
32	Angel:	yes, and (.4) we can see from the prompt yeah?((看着笔记本上记载的一些老师给的提示词))	"其他类"
33	Nancy:	yeah. Busted busted here((边说，边指着习作上的一句话)) a good word	修正输出
34	Angel:	yes. here.⋯ busted a major network ...	

……

但是，社会文化背景知识的贫瘠又往往成为学习者高质量完成互动任务的障碍之一。为排除困难，降低负面影响，互动过程中，参与者常常频繁地启用"寻求援助"协商方式，不仅从同伴处获得帮助，还求助于各种认知工具，如课本、相关提示词或信息、手机网络、字典等。

对节选8.2中协商互动序列的剖析发现，互动双方正是通过这些"协商启发—互动产出"过程来完成互评作文任务。协商互动序列也为学习者提供社会情境，让其逐渐地社会化，编程特定语码，获取专业知识，并完成一系列社会认知活动。首先，他们将无生命的互评作文练习赋予了生命。接着，互动双方相互协同，共同参与真实的沟通交流。如节选中互动双方不仅在批改其他同学的作文，而且还各自发表了对"地沟油"事件的看法。再者，"英语"正被互动双方用来作为批改作文、表达感情、寻求认知协同的工具。也就是说，在此社会认知情境中，"英语"不仅是用来"完成写作"的工具，而且是用来维系沟通的纽带。同时，以往的经验和语言知识也进一步促进了互评活动的顺利进行。如第 31 行，Nancy 提醒"不能重复不能重复用，老师上次说啦"，在此，以往的经验成为 Nancy 判断不能重复再用"destroy"的重要依据。最后，通过与同伴、环境、情境、工具、各种援助的互动。如第 18 行 Angel 准备借用手机查找"strike"的准确含义，再如第 32 行 Angel 查阅笔记，以获取老师给的提示词，等等。学习者不仅完成互动任务，而且获得社会文化知识，提高互动和认知能力。最后，互动任务完成中学习者对汉语的使用也为他们的认知和心灵活动提供了桥梁。在此节选中，互动双方共使用了 5 次汉语，它们或者被用于提示或强调词汇的用法，如"直到……才"（第 14 行、第 23 行），或者被用于寻求帮助的表达（第 25 行），或者被用来提示采用工具的帮助（第 17 行），等等。

由此可见，同伴互动过程中，学习者常会借用各种手段或策略，将目前正在完成的互动任务与相关信息概念、已获知的经验知识、社会文化要素等建立相互联系，以成功地完成任务。

8.4 社会行为特征研究的教学实践启示

课堂语言学习中社会行为特征研究结果显示，学习者通过与同伴的意义协商、形式协商、争夺话语权、维系社会关系等互动形式，不仅能完成教师布置的互动任务，而且有助于学习者语言学习机会的获得和社会认知能力的发展。互动过程中，学习者不仅能修正语言错误、处理沟通问题，而且还能获得更多的批判性思维和推理的机会。互动过程中，学习者不仅学会有技巧地与同伴沟通，而且还要熟知与互动任务、认知工具、社会环境之间的互动沟通。通过互动实践，学习者可创建机会展示其专家身份，构建其社会地位。由此可见，课堂语言学习中同伴互动形式是种很有意义的语言实践和社会行为。重视其在语言习得历程中的特殊作用，提高其在社会语言能力、社会认知能力、社会互动能力发展中的多重功效将极为重要。

课堂语言学习中的社会行为特征研究突破性进展，将有助于我们树立正确的外语教学指导思想，全面认识语言学习中的社会文化属性和学习者同伴互动的客观规律，将有助于我们进一步端正教书育人理念，寓语言习得的发展于社会交往技能的培养之中，从而更好地满足社会发展对外语人才多元化的需求，有助于国际化、高素质的创新型人才培养战略的实施。

鉴于此，本节将具体讨论本研究结果给教学实践的具体启示。

8.4.1 重视学习者社会行为的本质

课堂语言学习中社会行为特征研究结果揭示其学术话语社会化和学术话语社会认知性的本质。通过与同伴互帮互助、协商合作，学习者获得了更多在社会认知世界共同构建身份、共同参与思维推理活动、共同创造互文本和社会文化联系的机会。语言学习过程中的社会行为，为学习者提供更多的参与、互动、协同机会，学会了不仅与同伴之间的交流互动，还学会与不同社会认知工具和各种"支架"作用的沟通互动，如教师布置的互动任务、学习工具（笔、纸、任务提示、图片、字典等）、互动情境（教师指导、言语事件等）、参与者的作用、身势语、身体动作取向甚至电器设施等等（Atkinson &

Nishino，2007）。

社会文化和社会认知视域中，互动被认作是二语习得的基本目的和基础，它有助于我们在真实社会中的生存，因为语言不仅被认为是内在的、心灵的，而且是互动的、社会的。因此，学习者通过参与语言社区实践活动可获得更多的语言学习机会，并促进其本身具有的互动能力更好地发展。

Ingold（2000）认为，学习过程更多的是发现如何与世界协同的过程，而不是简单地从其获取知识的过程。为了获得更多的学习机会，学习者应该学会适应环境，学会不仅与人的沟通，而且与非人的环境的沟通互动。学习者之间的互动能为他们创建更多的机会来适应社会认知环境。为完成教师布置的互动任务，学习者不得不与同伴、互动任务、情境、认知环境等保持高度协同的互动关系，因此获得更多的知识共建、社会认知和社会互动能力发展的机会。

语言习得是人们内在的认知机制作用下在交际中学习语言的过程。语言习得社会认知模式就是"语言时时处处存在于一个综合的社会认知空间"以及"语言总是相互地、同时地、同等重要地出现在人脑以及外界中"。因而，在外语教学中应该特别重视学习者社会行为特征及其本质，重视语境因素及语言学习和使用的环境。依据情境认知和情境学习的认知观和学习理论，将二语学习与学习者的环境密切结合起来，让学习者通过与人的交互、与环境的交互，发展对二语的认知，从而提高习得者二语的知识水平和使用能力。

8.4.2 提高学习者对社会行为的认知

对学习者的问卷调查（见附录3）和个别访谈（见附录4）结果显示，大多数学习者（见 Wang，2014）对于语言学习过程中同伴互动实践的功效予以认可，但仍有部分同学对于同伴能力及其帮助作用持有怀疑态度，从而在一定程度上影响互动实践的有效进行。也就是说，假若学习者对于语言学习过程中同伴互动的实践形式、同伴语言能力、同伴反馈意见持有消极态度，他们将不会情愿且积极地参与实践，也将没有信心投入与同伴的交流、协商和合作。

为改变学习者对于同伴互动和同伴反馈的消极态度，有意识地给予学习者正确引导和相关教育，提高其对互动协商的认同度和参与互动协商的自信心是非常重要的。

为达到此目的，一个行之有效的方法是给学习者提供心理知识和心理语言学干预。比如，通过问卷调查和个别访谈等形式清晰地告知相关知识和理论，让学习者从理论上提高对同伴协商互动的认知。通过明确的教导，学习者会逐渐意识到互动实践活动的必要性及其在语言习得过程中的作用。这种方法能有效地提高学习者对课堂语言学习社会行为特征及其本质的认识，也能促进学习者对同伴互助作用的期待值。

此外，合理地设计和安排不同类型的同伴互动语言实践活动也能刺激学习者有效地改善参与态度，积极地提高参与态度，友好地维护参与关系。

最后，帮助学习者与同伴之间建立积极的社会关系也尤为重要。通过提高学习者的语言水平、互动能力，提高其对参与互动实践的自信心，能有效地提高学习者对同伴的认可度，改善同伴之间的互动关系，创建和谐友好的社会关系。友好的社会关系将有助于学习者提高对"同伴即为学习源泉"的认知，有利于轻松愉快的社会环境的构建，有利于互动任务的完成和互动会话的开展。

8.4.3 加强对学习者互动策略的培训

研究发现，学习者对同伴互动语言实践的态度和同伴反馈的质量都将影响学习者对同伴互动实践的期待值。

本研究也发现，互动任务完成中，学习者并不都能成功地、恰当地、准确地给同伴提供启发或反馈。他们对同伴的表达失误或未能辨认，或忽视，或犹豫，或提供错误的反馈。原因如下：第一，学习者较低的语言水平和较弱的语言文化知识都可能阻碍他们辨认和纠正对方的语言错误或表达问题。第二，学习者缺乏互动技巧，不知道如何恰当而准确地启发同伴证实、澄清和修饰问题话语。第三，为避免面子威胁感，不愿意在互动途中打断对方话语。因此，加强互动能力培养，提高其互动能力极为重要。

首先，在互动任务开展前，教师应该根据学习者认知发展规律、社会行为特征，设计和建立互动合作策略，并有效地教授互动合作策略，以促进学习者积极参与协商互动实践的自信和意识。

其次，创造互动情境，有意识地培训学习者掌握协商互助技能技巧，比如提问的技巧，话轮转换的技巧，向对方提出或给予澄清、证实的请求技巧，寻求或提供援助的技巧，修正、启发、重铸的技巧，如何开启或结束会话的技巧，等等。总之，教师应该清晰地引导学习者参与到与他人、与互动任务、与不断改善环境的互动，使之能有机地创造学习机会和利用学习机会（Naughton，2006）。

此外，对学习者进行互动合作策略培训后，还应合理地设计和安排互动任务或互动形式，才能有效地促进学习者改善互动效果，发展合作意识和提高互助能力。

最后，创建合作型课堂环境能刺激学习者语言感知能力以及思维和推理的敏感性，有效地促使其积极地参与互动实践。

8.4.4 改善学习者互动设计的质量

为有效地促进学习者社会认知能力和社会互动能力,科学地设计和合理地安排互动任务十分重要。

在设计互动任务、安排互动实践时,教师不仅应该关注学习者的语言水平和互动能力,而且还应重视学习者互动动机和其具备的社会文化背景知识。比如,本研究前期的中学生参与者,他们还未能掌握较扎实的外语知识,外语技能也较弱,对世界的认知也较少,这时的互动任务不宜涉及过多的社会事件,以减免其社会认知难度;互动的要求应该更清晰和客观,互动提示方面应该给予更多的相关词汇,甚至常见表达句型等。而对于本研究中的大学生参与者,随着互动实践的不断开展,互动任务的认知难度应该逐渐提高,互动提示方面不应该过多地在词汇和表达上,而应该放在相关社会文化知识的介绍,以逐渐有效地提高学习者社会认知的能力。

在科学地设计互动任务时,学习者动机也是值得考虑的一个重要因素。学习者动机取决于互动任务形式和互动话题内容。本研究所进行的问卷调查和个别访谈结果显示,学习者,特别是大学生参与者更偏向于对联系社会现象、社会问题的新闻或事件展开讨论。因为这些话题更能激发他们作为合格社会成员的意识,更易创建机会展示他们的社会身份,发展他们的社会认知。

互动任务设计、互动活动安排中,关于任务内容、任务类型、任务格式等都是必须考虑的因素,因为这些因素决定了互动任务开展的难度和复杂度。因此,教师应该根据参与者的语言水平、认知发展和互动能力,合理地考虑互动任务的复杂度,以有效地促进学习者社会认知和社会互动能力的发展。关于讨论话题内容,应该合理地增补相关认知和社会文化知识,以丰富任务信息,创造更多的机会提高学习者语言实践过程中的相关知识。

总之,科学合理地设计互动任务时,应该全面认识语言学习中的社会文化属性和学习者同伴互动的客观规律,端正教书育人理念,寓语言习得的发展于社会交往技能的培养之中。这样才能更好地满足社会发展对外语人才多元化的需求,有助于国际化、高素质的创新型人才培养战略的实施。

8.5 本研究的局限性

本研究顺应国际上对"学"的研究趋势,参考国外对语言课堂学习者话语行为特点的研究成果,在国内学界对课堂互动实证研究的基础上,从学习者"合作性会话"视角,利用会话分析研究框架,从微变化和纵向研究视域,深入探讨符合我国现阶段国情的外语课堂语言学习的社会行为特征、本质及其对语言习得和认知发展的功效。尽管本研究的突破性进展为语言课堂实证研究的进一步探究提供了厚实的理论基础,但如同别的研究一样,它也不可避免地存在一些局限。

8.5.1 研究样本缺乏普遍性

(1)研究对象涵盖面窄。所涉及的互动任务参与者虽然是处于语言发展不同阶段的两种不同类型外语学习者,但实际上,这些参与者所涵盖的面不广,并不能代表所有的英语学习者。例如,本研究中的主要参与者为大学生,但这些大学生主要来自于英语专业的学生,而非英语专业学生课堂会话语料在本研究中未进行剖析。因此,从这些学习者中采集的互动语料和数据并不能全面说明我国外语环境下课堂语言学习中的社会行为特征。

（2）语料收集时间较短。本研究语料主要采用录音录像方法在不同地区、不同层次学校进行外语课堂语料的真实性收集。但遗憾的是，本研究的语料收集仅仅持续3年多时间，其中中学外语课堂语料收集为一年左右，大学外语课堂为两年多时间。因而，从本质上来说，并没有很好地体现纵向特征。假若能针对同一组大学外语课堂展开持续4年的语料收集，将无疑为语料的剖析提供更好的基础。

8.5.2 多角验证方法有待完善

（1）定量研究效度不高。本研究采用不同的数据收集渠道对不同的研究方法得出的结论进行多角验证。具体来说，语料的剖析主要依据会话分析框架进行，同时结合对会话语料、问卷调查和个别访谈进行定量和定性分析。但本研究在定量研究和定性研究相结合，利用统计数据和定性资料对研究问题进行从表象到本质的研究方面，特别是在利用多重统计软件得出统计数据方面，未能很好地突破技术难点。

（2）语料收集技术效果不佳。就本研究中语料收集的技术方法而言，还明显存在不足。虽然本研究语料是基于录音、录像技术进行，但因设备紧密性不够，收集技术方法掌握不佳，都给语料收集的真实性和详尽性造成了一定障碍。因此，录音、录像的科学方法和技术设备的合理完善都将是待攻克的难点。

8.6 对未来研究的建议

下面对今后的研究取向提出一些具体的建议，并列出一些有待进一步研究的具体问题供同仁们参考。另外，在研究方法上提出一些建议。

8.6.1 可研究的课题

可研究的课题可从宏观层面与微观层面来讨论。

(1) 宏观层面的研究。

第一,如有可能,可以将课堂语言学习中的社会行为特征研究扩大到不同种类的语言中,以便更好地剖析语言习得和认知发展的规律。

第二,课堂语言学习中社会行为特征研究可以纵向拓展,在我国中学生中(如从初一到初三或高一到高三)、在英语专业学生中(如从一年级到四年级)以及其他非英语专业学习者中进行,这样有利于我们更好地探究我国外语环境下学习者的社会行为特征、本质、功效及其影响因素,以更好地促进我国外语学习者语言习得能力、社会认知和社会互动能力的发展。

第三,可以进行中国学生外语学习课堂与外国学生汉语学习课堂语料的对比研究。基于中西文化两种完全不同的语言语料,对其社会行为特征、模式、影响因素进行对比剖析,以期更好地探究语言习得过程和认知发展规律是极为有意义的项目。

(2) 微观层面的研究。

第一,有必要加强纵向型研究意识和研究保障。在未来的研究中,研究人员有必要不断完善语言学习者纵向发展阶段的课堂互动语料数据的收集。这些语料收集除课堂互动语料的录音、录像之外,还可通过对各阶段学习者的问卷调查报告、英语口语测试、个别访谈、跟踪调查、回溯性访谈等多种方式来进行。语言学习者各阶段会话语料数据的收集将为我们今后的研究提供更深、更全面的信息。

第二,在未来的关于课堂语言学习中的社会行为特征研究中，应辅以更为科学的统计方法，其定量结果的可靠性会更大，可推广价值也会更大。

8.6.2 可探讨的具体问题

在未来的有关课堂语言学习中，社会行为特征研究可具体探讨的问题如下：

（1）关于学习者互动修正模式探究方面，可涉猎不同水平、不同年龄的同伴互动他启模式特征，也可考虑验证同伴互动中他启与自启模式的异同。

（2）关于学习者语码转换特性及其功效探究方面，可更多地探究语码转换在学习者认知心理发展层面所起的积极作用和负面影响。

（3）处在语言能力发展不同阶段学习者的社会行为有何不同特征。

（4）如何构建合作性课堂环境，以更好地促进学习者社会行为能力的发展。

（5）不同性别的语言学习者在社会行为模式、特征、本质上会有何种不同表现形式。

（6）会话各方的年龄因素、性别差异以及会话人的教育层次结构和社会行为准则对课堂语言学习中社会行为的影响在英语和汉语中会有何种不同表现特征。

（7）互动任务完成中学习者对同伴和教师的期待值表现如何，何种因素会引导期待值的变化。

（8）课堂语言学习中社会行为表现的典型案例探讨分析。

8.7 小 结

本研究在社会文化和社会认知视域下，以会话分析为工具，定量定性方法为辅助，对我国外语环境下课堂语言学习中社会行为特征及其本质进行了探究。研究内容主要包括：互动过程中的语码转换特征、会话修正模式特征和互动产出特征，各特征的归因及各特征对语言实践的影响，社会行为特征的本质及其对语言习得和认知发展的影响表现，社会行为特征对语言习得和认知发展的启示。

本研究认为，对课堂语言学习中的社会行为特征本质的探析有助于从微观层面更好地探究语言学习过程本质，更好地理解语言学习过程中认知、社会行为、认知环境之间的辩证联系。本研究结果对教学实践和研究有如下启示：重视同伴互动课堂语言实践本质，提高学习者对同伴互动有效性认识，合理设计课堂互动任务，加强互动策略培训，建立合作性课堂环境，利用会话分析技巧进行互动探究，以及采纳社会认知视域检测互动参与。

本章总结了本研究的主要发现，同时还指出了本研究的不足之处，并对后续课堂语言学习中社会行为特征及其本质探究提出了可探讨的课题和具体可研究的问题。

附　　录

附录1　本研究语料转写的符号规则

本研究中的录音、录像材料依据下列转写规则标注,其核心部分采纳Schegloff(2000)和Hellermann(2008)会话分析规则,再根据本研究目的进行重点标注。

符号	意　义
[	重叠话语　　　[hey　　[that
=	拖长的话语:话语之间没有停顿或间歇
(.)	微小的停顿:括号中的一个点
(2.0)	2秒钟的停顿:括号中的数字表示停顿的时间长短
::	延长的声音或音节:冒号显示音的拖长,冒号越多,表示声音拉得越长
VERY	表示大写的词或句的读音强于周围的其他词或句的读音
°Um°	词或句上标注小圆圈表示此词或句的读音低于周围词或句的读音
?	表示上升的音调
Yeah	词或句的下划线表示该词或句的重读,或一强调的音节
(( ))	双括号中的内容表示标注者的评价,或身体语言的描述等

续上表

符号	意义
【word】	在本研究中词或句的黑体表示会话互动中具有社会行为特征迹象的词或句,即具有明显特征的语码转换话语、会话修正话语或会话协商话语等
.	句点表示该句为下降的音高

附录2　课堂语言学习中的互动任务

1. 本研究中中学英语培训课堂同伴互动任务案例：

（1）Make a conversation between you and your partner according to the information given on the card.

Card　B

请用英语提问以了解下列信息：

剧名：

开演时间：

演出时间：

票价：

谁会主演：

什么类型剧目：现代的？古代的？

愿意和我一起去看吗？

Card　A

请根据下列信息回答问题：

剧名：《梦》

开演时间：周五、六晚7：30

演出时间：2小时30分钟

票价：8.00元
谁会主演：不太清楚
什么类型剧目：现代都市剧
愿意和我一起去看吗：谢谢，恐怕不能，下周有考试

(2) Make a conversation between you and your partner according to the following pictures.

Topic One：

Teacher：I'd like you to talk to each other about the sort of sport you like best. It isnecessary to agree with each other.

Topic Two：

Teacher：Please discuss the following picture between you and your partner. I'd like you to describe the following picture and also tell us what you think of by discussing with your partner.

2. 本研究中大学英语专业学习者课堂同伴互动任务细节:

Make a conversation between you and your partner according to the topic and its discussion question given to you in the following tasks.

The first: October 14, 2010 (Task One)

The discussion questions of the first task: Do you find this a touching story? Why? Try to discuss with your partner within twenty minutes in English.

Background knowledge of the task:

In order to have a better understanding of the text "Going Home", Unit Two in Book One of *Contemporary College English* and help us to think about warm human relationships, the man's love for his wife and children, the wife and the children's love for him, and the young people's sympathy for this stranger, students were required to talk about their opinions and ideas by discussing with their partners.

The second: December 23, 2010 (Task Two)

The discussion questions of the first task: Please share with your classmates what you know about Nelson Mandela in addition to what you have learned from the text. Try to discuss with your partner within twenty minutes in English.

Background knowledge of the task:

In order to have a better understanding of the text "Mandela's Garden", Unit Seven in Book One of *Contemporary College English* and help us to have more thoughts about "there are quite a lot of people who think that he should be considered the man of the 20th century", the peer interactive task was arranged to finish in class.

The third: March 3, 2011 (Task Three)

187

The discussion questions of the first task: Do you think there is a generation gap between you and your parents? How to bridge the gap? Try to discuss with your partner within twenty minutes in English.

Background knowledge of the task:

In order to reinforce some basic linguistic knowledge of the text "My Father's Shadow", Unit One in Book Two of *Integrated Skills of English* and help us to get a better understanding of our parents' love, care and sacrifice and succeed in communicating with our parents, students were encouraged to speak out their ideas.

The fourth: April 11, 2011 (Task Four)

The discussion questions of the second interactive task: How do you define "friendship" and what do you expect to friendship? Try to talk with your partner about it within twenty minutes in English.

Background of the discussion:

After having learned Unit Five about friends, in Book Three of *Integrated Skills of English*, the students have many quite different views about the topic of friends or friendship that they are familiar. Therefore, it is significant to organize them to discuss about the topic again by making use of expressions in the textbook.

The fifth: June 13, 2011 (Task Five)

The discussion questions of the third interactive task: If you had another chance to join in college entrance examination this year, would you choose our university again? Why? Try to discuss with your partner within twenty minutes in English.

Background knowledge of the discussion:

The College Entrance Examination has just finished. Do you still remember last year's exam? Do you think you succeeded in having your exam last year? Are you satisfied with the results of your exam? What did you think of your exam? So, if you had another chance to take part in such an exam, would you choose our university to study again? Try to exchange your views and opinions with your partner, please.

The sixth: September 14, 2011 (Task Six)

The questions of the dyadic discussion: What do you think of the news of the ConoCoPhillips oil spilling in China? Discuss with your partner about this within twenty minutes or so.

Background of discussion:

As we know, the event of the ConoCoPhillips oil spilling caused a great damage to our country. Nowadays, our government has decided to take measures to punish it. The Chinese marine authorities have prepared to sue the American oil company for the damage caused by the leak, and the Chinese public is very angry with what the American company did. What measures do you suggest to give them a lesson?

The seventh: October, 25, 2011 (Task Seven)

The topic of the dyadic discussion: Evaluate and correct the papers finished by your grade-mates by discussing with your partner. The purposes are: improving students' writing skills by commenting on each others' work; creating opportunities to be concerned about some popular events in our country.

Background knowledge of the exercise of the correcting papers:

Try to correct some mistakes of your grade-mates' papers and give some suggestions for their revising according to the relevant information and requirements of the paper given to you last time, which is "As we know, gutter oil that is illegally recycled cooking oil is very harmful to our health, but, according to the recent report, now it can be often found in many restaurants in China. What do you think of the terrible news? Please write a paper to comment on it."

The eighth: December 7, 2011 (**Task Eight**)

Try to discuss with your partner about the following questions by using some words, phrases or even some viewpoints that you learned in the text: What would you like to become: the person who lives to work or the person who works to live?

Background knowledge of the writing exercise:

After having learned the text about a workaholic, the main character in Book Three of *Integrated Skills of English*, the students have many quite different opinions and views about the main character in the text. So, what do you think of him? Do you think he succeeded in life? What are your attitudes towards your future work and life, work to live or live to work? Discuss with your partners about it, please!

The ninth: February 17, 2012 (**Task Nine**)

Practice writing skills by commenting and correcting one paper from the teacher. Discuss with your partner about the article and try to correct it, revise it, repair it and modify it by referring to some related knowledge in the textbook.

Background of the peer interaction:

In order to practice learners' integrating competence of writing and speaking, this interactive task was designed to correct one paper by discussing with the partners. The articles were completed by learners in different classes two weeks before the interactive task.

Learners were required to complete their articles by choosing either of the topics: (1) write an article according to one outline about learners' communicative skills; (2) comment on the war, such as Syrian war.

All the groups of dyads were responsible for one paper assigned by the teacher. After discussing with the partners, the final results of opinions of correction must be written out in the paper and handed in to the teacher.

The tenth: March 13, 2012 (Task Ten)

On basis of the text "Personal Space" in Unit Two in Book Four, discuss about the calling of "Learn from Comrade LeiFeng" with your partner.

Background knowledge of the peer interaction:

Nowadays, the government is calling on us, especially the young students, to learn from comrade Lei Feng again by doing a lot of significant deeds for the people. What do you think of LeiFeng's spirits? What do you plan to do in order to respond to the call of learning from LeiFeng? Do you think it necessary for you, the young students in contemporary society to learn from LeiFeng again? Try to discuss with your partners about the problems, connecting with what you learned in the text "Personal Space".

The eleventh: May 11, 2012 (Task Eleven)

Try to discuss with your partner about the questions by going over some good words, phrases and expressions in the text you have finished: Suppose you are a college teacher, how will you communicate with your students?

Background knowledge of discussion:

Both of the classes finished learning the text about the teacher last term, and they are familiar with the topic of "how to be a qualified teacher". It is not very hard to complete discussion. Thus, this topic was given to the students to discuss at the very beginning of the new term.

The twelfth: June 20, 2012 (Task Twelve)

Practice writing skills by commenting and correcting one paper from the teacher. Discuss with your partner about the article and try to correct it, revise it, repair it and modify it by referring to some related knowledge in the textbook.

Background of the peer interaction:

In order to practice learners' integrating competence of writing and speaking, this interactive task was designed to correct one paper by discussing with the partners. All the dyads were responsible for one paper assigned by the teacher. After discussing with the partners, the final results of opinions of correction must be written out in the paper and handed in to the teacher.

The thirteenth: June 27, 2012 (Task Thirteen)

The topic of the dyadic discussion: try to talk about with your partner about the discussion question of "What do you think of robots?" within twenty minutes in English.

Background of the discussion:

With the development of science and technology, more and more people are confused that whether it is good or bad to make robots. Are robots going to take the place of human beings? Is it necessary to invent more advanced robots? Give your opinions and views about them with your partner.

The fourteenth: Sept. 2013 (Task Fourteen)

Try to discuss with your partner about the signigicant differences of the nature between the ordinary compositions and the research papers.

Background knowledge of discussion:

As it's the first period of the course for writing research papers, its necessary for students to understand the features and the differences of writing two different kinds of wrting styles.

The fifteenth: Oct. 2013 (Task Fifteen)

Read the following "Abstract" with your partners carefully, and then try to discuss with your partner about its basic elements.

Background knowledge of discussion:

Due to the importance of the section of "Abstract" in a research paper, it's necessary for students to memorize the nature, the content and the basic elements of this section. This exercise is arranged to impress the ways of writing "Abstract" correctly.

The sixteenth: Oct. 2013 (Task Sixteen)

Read the following research paper with your partners carefully, and then try to discuss with your partner about its advantages and disadvantages.

Background knowledge of discussion:

As we have finished learning the ways and skills of writing the research papers, it's very necessary to check whether the students have mastered the writing methods or not by making comments on one paper finished by one of the students in the class.

附录3 问卷调查设计

问卷调查

同学们:

大家好!本次问卷调查共两部分。第一部分为学生基本信息,第二部分为关于互动任务的调查。请你根据自己的真实情况填写。

本问卷调查中的资料仅在研究中使用,谢谢!

1. 基本信息

姓名:_____

年龄(出生年月):_____

性别:_____

籍贯:_____

家庭背景(农村、城市、城镇等):_____

高考英语成绩:笔试:_____; 口试:_____

高中毕业学校(省重点/市重点/县重点/普通高中):_____

高考前是否参加过培训班(培训班/家教):_____

高中阶段得过何种跟英语有关的奖项:_____

中学阶段已获得何种英语等级证书:_____

2. 关于互动任务的调查

1)你认为这种互动任务很难吗?

   A. 开始觉得很难,但现在觉得容易

B. 开始觉得很难，现在还觉得难

C. 开始觉得容易，现在觉得也很容易

D. 开始觉得容易，现在觉得难

2) 你在完成互动任务时很轻松吗？

A. 不轻松　B. 有点轻松　C. 比较轻松　D. 很轻松

3) 你觉得你的互动任务完成好了吗？

A. 完成得很好　　　　B. 完成得较好

C. 完成得一般　　　　D. 完成得不好

4) 你觉得这种互动任务有趣吗？

A. 很有趣　B. 比较有趣　C. 有点趣　D. 没有趣

5) 你还想再参加类似的互动任务吗？

A. 很想　B. 比较想　C. 有点想　D. 不想

6) 你觉得这种互动任务能给你提供学习机会吗？

A. 能　B. 比较能　C. 有点能　D. 不能

7) 你觉得能从同学那里获益吗？

A. 能　B. 比较能　C. 有点能　D. 不能

8) 在课堂上你喜欢这种互动形式吗？

A. 很喜欢　B. 比较喜欢　C. 有点喜欢　D. 不喜欢

9) 你喜欢和同学谈论哪些话题？

A. 与课文内容密切相关的　B. 与社会时事密切相关的

C. 与学校生活相关的　　　D. 与家庭生活相关的

10) 互动会话时，你会关注同伴的错误吗？

A. 无所谓，只要不影响我的理解

B. 很敏感对方的错误

C. 有时注意，但不修正

D. 有时注意，且修正

11) 互动会话时，你认为同伴哪些会引起你的注意，并修正？

A. 内容错误 　　　　　B. 词汇错误
C. 语音错误 　　　　　D. 理解错误

12）互动会话时，你经常抢着话说吗？
A. 喜欢掌握说话的主动权
B. 喜欢聆听同伴的意见
C. 轮到我该说时就说
D. 不太愿意表达，因为害怕表达错误

13）互动会话时，你特别注意自己表达时的哪些方面？
A. 语音语调的优美 　　　B. 内容表达清楚
C. 词汇应用得当 　　　　D. 语法形式正确

14）课堂上与同伴互动会话时，你希望老师给予恰当的指导吗？
A. 希望多给予指导
B. 当不知道如何正确表达时希望给予指导
C. 可以不必指导，我们自己能应付
D. 无所谓

15）平时你是如何提高你英语口语会话水平的？
A. 通过参加学校经常举行的英语角活动
B. 通过在宿舍有意识的英语会话练习
C. 通过课堂上参加老师要求的英语会话活动
D. 通过课外的兼职工作

16）通过一学期的课堂同伴互动会话练习，你认为自己在哪些方面有所提高？
A. 句型应用 　　　　　B. 词汇表达
C. 表达流利度 　　　　D. 会话技巧性

17）与同伴会话时，你希望同伴
A. 看着你并认真听你的，别插话
B. 认真听你的，并可随时发表意见

C. 认真听我，但别看着我，免得紧张
D. 无所谓

18）关于互动话题你有什么具体建议吗？你更喜欢谈论什么话题？

_____

19）在进行课堂互动任务时你期待老师能给予什么指导或帮助？

_____

20）在进行课堂互动任务时你最期同伴给予什么帮助？

_____

附录 4　个别访谈问题

Questions in Interviews

1. 在课堂上你愿意和同学合作来完成老师布置的任务吗？
2. 与同伴用英语合作完成任务时，你会感觉紧张或尴尬吗？
3. 你认为这两年的互动实践你受益吗？在哪些方面受益？
4. 讨论中遇到语言表达困难时你常向同伴求助吗？自己独力解决还是求助老师？
5. 若你的表达被同学指出错误，你会感觉不舒服吗？你愿意同学指正你的错误吗？
6. 你为什么和有些同学讨论投入、热烈，而和有些同学讨论却热情不高？
7. 你认为哪些因素会影响你的互动热情或互动质量呢？话题？同伴？环境？个人因素？教师？
8. 在所完成的 9 次互动任务中你最感兴趣的是哪次或哪几次话题讨论？为什么？

参考文献

Adams, R. 2004. *Learner-learner interactions: Implications for second language acquisition* [D]. Unpublished Doctoral Dissertation, Washington D. C. : Georgetown University.

Aljaafreh, A. & P. Lantolf. 1994. Negative feedback as regulation and second language learning in the zone of proximal development [J]. *The Modern Language Journal*, 78 (3), 465 -483.

Alwright, D. 2005. Developing principles for practitioner research: The case of exploratory practice [J]. *The Modern Language Journal*, 89 (2), 353-366.

Anton, M. 1999. The discourse of a learner-centered classroom: Sociocultural perspectives on teacher-learner interaction in the second language classroom [J]. *The Modern Language Journal*, 83 (3), 303-347.

Atkinson, D. 2002. Toward a sociocognitive approach to second language acquisition [J]. *The Modern Language Journal*, 86 (4), 525-545.

Atkinson, D. 2010. Extended, embodied cognition and second language acquisition [J]. *Applied Linguistics*, 31 (5), 599-622.

Atkinson, D. , Churchill, T. & H. Okada. 2007. Alignment and interaction in a sociocognitive approach to second language acquisition [J]. *The Modern Language Journal*, 91 (1), 169 – 188.

Auer, P. 1998. *Code-switching in Conversation: Language, Interaction and Identity* [M]. London and New York: Routledge.

Baley, R. & R. Schecter. 2003. Introduction: Towards dynamic model of language socialization. In R. Baley & R. Schecter (eds.). *Language Socialization in Bilingual and Multilingual Societies* (pp. 1 – 6) [C]. Clevedon: Multilingual Matters.

Bannink, A. & J. Dam. 2006. A dynamic discourse approach to classroom research [J]. *Linguistics and Education*, 17, 283 – 301.

Bateson, G. 1972. *Steps to an Ecology of Mind* [M]. Chicago: University of Chicago Press.

Bejarano Y., Levine, T., Olshtain, E. & J. Steiner. 1997. The skilled use of interaction strategies: Creating a framework for improved small group communicative interaction in the language classroom [J]. *System*, 25 (2), 203 – 214.

Bell, N., Skalicky, S. & Salsbury, T. 2014. Multicompetence in L2 language play: A Longitudinal Case Study [J]. *Language Learning*, 64 (1): 72 – 102.

Benson, P. & A. Chik. 2009. Qualitative research in language teaching and learning journals, 1997 – 2006 [J]. *The Modern Language Journal*, 93 (1), 79 – 90.

Bolden, G. 2012. Across languages and cultures: Brokering problems of understanding in conversational repair [J]. *Language in Society*, 41, 97 – 121.

Borg, M. 2003. Teacher cognition language teaching: A review of research on what teachers think, know, believe, and do [J]. *Language Teaching Research*, 36, 81 – 109.

Broner, M. & E. Tarone. 2001. Is it fun? Language play in a fifth-grade Spanish immersion classroom [J]. *The Modern Language Journal*, 85 (3), 363 – 379.

Brouwer, C. 2003. Word searches in NNS-NS interaction: Opportunities for language learning [J]. *The Modern Language Journal*, 87 (4), 534 – 545.

Buckwalter, P. 2001. Repair sequences in Spanish L2 dyadic discourse: A descriptive study [J]. *The Modern Language Journal*, 85 (3), 380 – 397.

Bushnell, C. 2008. "Lego my keego!": An analysis of language play in a beginning Japanese as a foreign language classroom [J]. *Applied Linguistics*, 30 (1), 49 – 69.

Bygate, M. & V. Samuda. 2005. Integrative planning through the use of task repetition [A]. In R. Ellis (eds.). *Planning and Task Performance in a Second Language* (pp. 37 – 74) [C]. Amsterdam: John Benjamins.

Cao, Y. & J. Philp. 2006. Interactional context and willingness to communicate: A comparison of behavior in whole class, group and dyadic interaction [J]. *System*, 34, 480 – 493.

Cekaite, A. 2007. A child's development of interactional competence in a Swedish L2 classroom [J]. *The Modern Language Journal*, 91 (1), 45 – 62.

Cekaite, A. & K. Aronsson. (2005). Language play, a collaborative resource in children's L2 learning [J]. *Applied Linguistics*, 26 (2), 169 – 191.

Chang, L. 2010. Group processes and EFL learners' motivation: A study of group dynamic in EFL classrooms [J]. *TESOL Quarterly*, 44 (1), 129 – 154.

Chappell, P. 2014. Engaging learners: Conversation-or-dialogic-driven pedagogy? [J]. *ELT Journal*, 68 (1), 1 – 11.

Chavez, M. 2007. The orientation of learner language use in a peer work: Teacher role, learner role and individual identity [J]. *Language Teaching Research*, 11 (2), 161 – 188.

Cheng, T. 2013. Codeswitching and participant orientations in a Chinese as a foreign language classroom [J]. *The Modern Language Journal*, 94, (4): 869 – 886.

Chu, H. 2005. Critical thinking through asynchronous online discussions [J]. *Journal of Pan-Pacific Association of Applied Linguistics*, 9 (1), 117 – 137.

Churchill, E., Nishino, T., Okada, H. & D. Atkinson. 2010. Symbiotic gesture and the sociocognitive visibility of grammar in second language acquisition [J]. *The Modern Language Journal*, 79, 234 – 253.

Colina, A., Mayo, A. & G. Maria. 2009. Oral interaction in task-based EFL learning: The use of the L1 as a cognitive tool [J]. *IRAL*, (4), 325 – 346.

Corder, P. 1967. The significance of learners' errors [J]. *International Review of Applied Linguistics*, (5), 161 – 169.

Creese, A. & A. Blackledge. 2010. Translanguaging in the bilingual classroom: A pedagogy for learning and teaching? [J]. *The Modern Language Journal*, 94, 103 – 115.

Cunningham, C. 2014. "Keep talking": using music during small group discussions in EAP [J]. *ELT Journal*, 24, 179 – 190.

de la Fuentz, M. 2002. Negotiation and oral acquisition of L2 vocabulary: The roles of input and output in the receptive and productive acquisition of words [J]. *Studies in Second Language Acquisition*, (1), 81 – 112.

DaSilva Iddings, C. & S. McCafferty. 2010. Carnival in a mainstream classroom: A Bakhtinian analysis of second language learners' off-task behaviors [J]. *The Modern Language Journal*, 91, 31 – 44.

Davis, K. 1995. Qualitative theory and methods in applied linguistic research [J]. *TESOL Quarterly*, 29, 427 – 454.

Diab, N. 2010. Effects of peer-versus self-editing on students' revision of language errors in revised drafts [J]. *System*, 38, 85 – 95.

Dippold, D. 2011. Argumentative discourse in L2 German: A sociocognitive perspective on the development of facework strategies [J]. *The Modern Language Journal*, 95 (2), 171 – 187.

Dobao, A. 2012. Collaborative dialogue in learner-learner and learner-native speaker interaction [J]. *Applied Linguistics*, (1), 1 – 29.

Donato, R. 2000. Sociocultural contributions to understanding the foreign and second language classroom [A]. In J. P. Lantolf (ed.). *Sociocultural Theory and Second Language Learning* (pp. 27 – 50) [C]. Oxford: Oxford University Press.

Doughty, C. T. 2003. *The Handbook of Second Language Acquisition* [M]. Oxford: Blackwell.

Doughty, C. & T. Pica. 1986. Information gap tasks: Do you facilitate second language acquisition? [J]. *TESOL Quarterly*,

20, (2) 305 – 325.

Duff, P. 1986. Another look at interlanguage talk: Talking task to task [A]. In R. Day (ed.). *Talking to Learn: Conversation in Second Language Acquisition* (pp. 147 – 181) [C]. Rowley, MA: Newbury House.

Duff, P. 2002. The discursive co-construction of knowledge, identity, and difference: An ethnography of communication in the high school mainstream [J]. *Applied Linguistics*, 23, (3) 289 – 232.

Duff, P. 2007. Second language socialization as sociocultural theory: Insights and issues [J]. *Language Teaching*, 40, 309 – 319.

Duff, P. 2010. Language socialization into academic discourse communities [J]. *Annual Review of Applied Linguistics*, 30, 169 – 192.

Egi, T. 2004. *Recasts, Perception, and L2 Development* [D]. Unpublished Doctoral Dissertation, Washington D. C. : Georgetown University.

Ekberg, S. 2012. Addressing a source of trouble outside of the repair space [J]. *Journal of Pragmatics* 44: 374 – 386.

Ellis, R. 2000. Task-based research and language pedagogy [J]. *Language Teaching Research*, 4 (3), 193 – 220.

Ellis, R. 2003. *Task-based Language Learning and Teaching* [M]. Oxford: Oxford University Press.

Ellis, R. & Y. Sheen. 2006. Reexaming the role of recasts in second language acquisition [J]. *Studies in Second Language Acquisition*, 28, 575 – 600.

Ellwood, C. 2008. Questions of classroom identity: What can be learned from codeswitching in classroom peer group talk? [J]. *The Modern Language Journal*, 92, 538 –557.

Farrell, T. & C. Maliard. 2006. The use of reception strategies by learners of French as a foreign language [J]. *The Modern Language Journal*, 90 (3), 338 –352.

Firth, A. & J. Wagner. 1997. On discourse, communication, and (some) fundamental concepts in SLA research [J]. *The Modern Language Journal*, (3), 285 –300.

Fisher, E. 1997. Developments in exploratory talk and academic argument [A]. In R. Wegerif & P. Schrimshaw (eds.). *Computers and Talk in the Primary Classroom* (pp. 38 – 48) [C]. Clevedon: Multilingual Matters Ltd.

Foster, P. 1998. Classroom perspective on the negotiation of meaning [J]. *Applied Linguistics*, 19, 1 –23.

Foster, P. & A. Ohta. 2005. Negotiation for meaning and peer assistance in second language classroom [J]. *Applied Linguistics* 26, 402 –430.

Frazier, S. 2007. Tellings of remembrances "touched off" by student reports in group work in undergraduate writing classes [J]. *Applied Linguistics*, 28 (2), 189 –210.

Fujii, A. & A. Mackey. 2009. Interactional feedback in learner-learner interactions in a task-based EFL classroom [J]. *IRAL*, 47, 267 –301.

Gan, Z., Davison, C. & L. Hamp-lyons. 2008. Topic negotiation in peer group oral assessment situations: a conversation analytic approach [J]. *Applied Linguistics*, 30, 315 –334.

Gao, Y. 2010. *A Study of Teacher-Learner Negotiation in EFL Classroom in China from a Sociocultural Perspective* [D]. Unpublished Doctoral Dissertation, Changchun: Normal University of Dongbei.

Gass, S. M. 1997. *Input, Interaction, and the Second Language Learner.* Mahwah, NJ: Erlbaum.

Gass, S. M. 2003. Input and interaction [A]. In C. Doughty & M. H. Long (eds.). *The Handbook of Second Language Acquisition* (pp. 224 - 255) [C]. Oxford, UK: Blackwell.

Gass, S. & L. Selinker. 2001. *Second Language Acquisition: An Introduction Course* [M]. Mahwah, NJ: Erlbaum.

Gidden, A. 1979. *Central Problems in Social Theory: Action, Structure, and Contradiction in Social Analysis* [M]. Berkeley: University of California Press.

Gillies, R. M. 2006. Teachers' and students' verbal behaviours during cooperative and small-group learning [J]. *British Journal of Educational Psychology*, 76, 271 - 287.

Goodwin, C. 1995. Seeing in depth [J]. *Social Studies of Science*, 25 (2), 237 - 234.

Goodwin, C. 2000. Action and embodiment within situated human interaction [J]. *Journal of Pragmatics*, 32, 1489 - 1522.

Goodwin, C. 2003. The body in action [J]. In J. Coupland & R. Gwin (eds.). *Discourse, the Body, and Identity.* London: Palgrave-MacMillan.

Greeno, J. 1997. On claims that answer the wrong question [J]. *Educational Researcher*, 26 (1), 5 - 17.

Guerrero, M. & O. Villamil. 1994. Social-cognitive dimensions of interaction in L2 peer revision [J]. *MLT*, 78, 484 - 496.

Guerrero, M. & O. Villamil. 2000. Activating the ZPD: Mutual scaffolding in L2 peer revision [J]. *The Modern Language*

Journal, 84 (1), 51-68.

Guk, L. & D. Kellogg. 2007. The ZPD and whole class teaching: Teacher-led and student-led interactional mediation of tasks [J]. *Language Teaching Research*, 11, 281-299.

Gurzynski-Weiss, L. & A. Revesz. 2012. Tasks, teacher feedback, and learner modified output in naturally occurring classroom interaction [J]. *Language Learning*, 62 (3), 851-879.

Gutierrez, A. 2008. Microgenesis, method and object: A study of collaborative activity in a Spanish as a foreign language classroom [J]. *Applied Linguistics*, 29 (1), 120-148.

Gutierrez, X. 2008. What does metalinguistic activity in learners' interaction during a collaborative L2 writing task look like [J]. *The Modern Language Journal*, 92 (4), 519-537.

Hall, J. K. 1997. A consideration of SLA as a theory of practice: A response to Firth and Wagner [J]. *The Modern Language Journal*, 81 (3), 301-307.

Hall, J. K. 2004. Language learning as an interactional achievement [J]. *The Modern Language Journal*, 88 (4), 607-612.

Halliday, M. A. K. 1978. *Language as a Social Semiotic: The Social Interpretation of Language and Meaning* [M]. London: Edward Arnold.

Hardy, I. & J. Moore. 2004. Foreign language students' conversational negotiations in different task environments [J]. *Applied Linguistics*, 25, 340-370.

Harmer, J. 2001. *The practice of English language teaching* [M]. England: Longman.

Harris, A. 2005. Same activity, different focus [J]. *Focus on Basics*, 8, 7 – 10.

Hellermann, J. 2006. Classroom interactive practices for developing L2 literacy: A microethnographic study of two beginning adult learners of English [J]. *Applied Linguistics*, 27 (3), 377 – 404.

Hellermann, J. 2007. The development of practices for action in classroom dyadic interaction: Focus on task openings [J]. *The Modern Language Journal*, 91 (1), 83 – 96.

Hellermann, J. & E. Cole. 2008. Practices for social interaction in the language-learning classroom: Disengagement from dyadic task interaction [J]. *Applied Linguistics*, 30 (2), 186 – 215.

Hellermann, J. 2008. *Social Actions for Classroom Language Learning* [M]. Clevedon: Multilingual Matters.

Hellermann, J. 2009. Looking for evidence of language learning in practices for repair: A case study of self-initiated self-repair by an adult learner of English [J]. *Scandinavian Journal of Educational Research*, 53, 113 – 132.

Heritage, J. 1984. Conversation analysis [A]. In J. Heritage (ed.). *Garfinkel and Ethnomethodology* (pp. 233 – 292) [C]. Cambridge: Polity Press.

Ho, M. 2011. Academic discourse socialization through small-group discussions [J]. *System*, 39, 437 – 450.

Holmes, J. & M. Marra. 2011. Harnessing storytelling as a sociopragmatic skill: Applying narrative research to workplace English courses [J]. *TESOL Quarterly*, 45 (3), 510 – 534.

Iddings, A. & E. Jang. 2008. The meditational role of classroom practices during the silent period: A new-immigrant student learning the English language in a mainstream classroom [J]. *TESOL Quarterly*, 2008, 42 (4), 567 – 589.

Ingold, T. 2000. *Perception of the Environment* [M]. London and New York: Routledge.

Iwashita, N. 2001. The effect of learner proficiency on interactional moves and modified output in nonnative-nonnative interaction in Japanese as a foreign language [J]. *System*, 29, 267 – 287.

Jenks, C. J. 2007. Floor management in task based interaction: The interactional role of participatory structures [J]. *System*, 35, 609 – 622.

Käänta, L. 2014. From noticing to initiating correction: Students' epistemic displays in intructional interaction [J]. *Journal of Pragmatics*, 66: 86 – 105.

Käänta, L., Peuronen, S., Jauni, H., Paakkinen, T. & S. Leppanen. (2013). Learning English through social interaction: The case of *Big Brother* 2006, Finland [J]. *The Modern Language Journal*, 97 (2), 340 – 359.

Kasper, G. 1985. Repair in foreign language teaching [J]. *Studies in Second Language Acquisition*, 7, 200 – 215.

Kasper, G. 2004. Participant orientations in German conversation-for-learning [J]. *The Modern Language Journal*, 88 (4), 551 – 567.

Kasper, G. 2006. Beyond repair: Conversation analysis as an approach to SLA [J]. *AILA Review*, 19, 83 – 99.

Kasper, G. 2009. Locating cognition in second language interaction and learning: Inside the skull or public view? [J].

IRAL, 47, 11 – 36.

Kim, Y. 2008. The contribution of collaborative and individual tasks to the acquisition of L2 vocabulary [J]. *The Modern Language Journal*, 92 (1), 114 – 130.

Kim, Y. 2009. The effects of task complexity on learner-learner interaction [J]. *System*, 37, 254 – 268.

Kim, Y. & K. McDonough. 2008. The effect of interlocutor proficiency on the collaborative dialogue between Korean as a second language learners [J]. *Language Teaching Research*, 12, 211 – 234.

Kirshner, D. & J. A. Whitson. 1997. *Situated Cognition: Social, Semiotic, and Psychological Perspectives* [M]. Mahwah, NJ: Erlbaum.

Kramsch, C. 1986. From language proficiency to interactional competence [J]. *The Modern Language Journal*, 70 (4), 366 – 372.

Lantolf, P. 2004. Sociocultural theory and second language learning [J]. *The Modern Language Journal*, 78, 418 – 420.

Lantolf, P. 2000. *Sociocultural Theory and Second Language Learning* [M]. Oxford: Oxford University Press.

Lantolf, P. & L. Thorne. 2006. *Sociocultural Theory and the Genesis of Second Language Development* [M]. Dxford: Oxford University Press.

Lapkin, S., Swain, M. & M. Smith. 2002. Reformulation and the learning of French pronominal verbs in a Canadian French immersion context [J]. *The Modern Language Journal*, 86 (4), 485 – 507.

Lave, J. 1988. *Cognition in Practice* [M]. Cambridge: Oxford University Press.

Lave, J. & E. Wenger. 1991. *Situated Learning: Legitimate Peripheral Participation* [M]. Cambridge: Cambridge University Press.

Leger, D. & M. Storch. 2009. Learners' perceptions and attitudes: Implications for willingness to communicate in an L2 classroom [J]. *System*, 37, 269 – 285.

Leki, I. 2001. A narrow thinking system: Nonnative-English-speaking students in group projects across the curriculum [J]. *TESOL Quarterly*, 35 (1), 39 – 67.

Levinson, S. 2006. On the human "interaction engine" [A]. In J. N. Enfield (ed.). *Garfinkel and Ethnomethodology* (pp. 39 – 69) [C]. Oxford: Berg.

Liebscher, G. & J. Dailey-O'cain. 2003. Conversational repair as a role-defining mechanism in classroom interaction [J]. *The Modern Language Journal*, 87, 375 – 90.

Liebscher, G. & J. Dailey-o'cain. 2005. Learner code-switching in the content-based foreign language classroom [J]. *The Modern Language Journal*, 89 (2), 234 – 247.

Li, W. & L. Milroy. 1995. Conversational code-switching in Chinese community in Britain: A sequential analysis [J]. *Journal of Pragmatics*, 23, 281 – 299.

Loewen, S. 2005. Incidental focus on form and second language learning [J]. *Studies in Second Language Acquisition*, 27, 361 – 386.

Long, M. H. 1980. Inside the "black box": Methodological issues in classroom research on language learning [J]. *Language Learning*, 30 (1), 1 – 42.

Long, M. H. 1981. Questions in foreigner talk discourse [J]. *Language Learning*, 31 (1), 135-158.

Long, M. H. 1983. Native speaker / non-native speaker conversation and the negotiation of comprehensible input [J]. *Applied Linguistics*, 30 (4), 126-141.

Long, M. H. & Porter, P. 1985. Group work, interlanguage talk, and second language acquisition [J]. *TESOL Quarterly*, 19 (1), 207-227.

Long, M. H. 1996. The role of the linguistic environment in second language acquisition [A]. In W. C. Ritchie & T. K. Bhatia (eds). *Handbook of Research on Language Acquisition: Second Language Acquisition* (pp. 413-468) [C]. New York: Academic Press.

Lyster, R. 1981. Negotiation of form, recasts, and explicit correction in relation to error types and learner repair in immersion classrooms [J]. *Language Learning*, 48 (2), 183-218.

Lyster, R. & L. Ranta. 1997. Corrective feedback and learner uptake: Negotiation of form in communicative classrooms [J]. *Studies in Second Language Acquisition*, 19, 37-66.

Lyster, R. 2006. International feedback and instructional counterbalance [J]. *Studies in Second Language Acquisition*, 28, 269-300.

Mackey, A. & J. Philip. 1998. Conversation interaction and second language development: Recasts, response and red hearing? [J]. *Modern Language Journal*, 82, 338-356.

Mackey, A., Oliver, R. & J. Leeman. 2003. Interactional input and the incorporation of feedback: An exploration of Ns-NNs and NNS-NNS adult and child dyads [J]. *Language Learn-*

ing, 53 (1), 35-66.

Mackey, A. 2007. *Conversational Interaction in Second Language Acquisition: A Series of Empirical Studies* [M]. Oxford: Oxford University Press.

Macky, A., Kanganas, A. P. & R. Oliver. 2007. Task familiarity and interactional feedback in child ESL classrooms [J]. *TESOL Quarterly*, 41 (2), 285-311.

Mackey, A. & J. Goo. 2007. Interaction research in SLA: A meta-analysis and research synthesis [A]. In A. Mackey (ed.). *Conversational Interaction in Second Language Acquisition* (pp. 407-452) [C]. Oxford: Oxford University Press.

Mackey, A., Oliver, R. & J. Leeman. 2003. Interaltional input and the incorporation of feedback. An exploration of Ns-NNs and NNS-NNS adult and child dyads [J]. *Language Learning*, 53, 35-66.

Markee, N. 2000. *Conversation Analysis* [M]. Mawah, NJ: Lawrence Erlbaum Associates.

Markee, N. & G. Kasper. 2004. Classroom talks: Introduction to the special issue [J]. *The Modern Language Journal* 88 (4): 491-500.

Markee, N. 2008. Toward a learning behavior tracking methodology for CA-for-SLA [J]. *Applied Linguistics*, 29 (3), 404-427.

Marie, A. & S. Vandenbergen. 2000. The function of I think in political discourse [J]. *International Journal of Applied Linguistics*, 10 (1), 41-63.

Martin-Beltarn, G. 2010. The two-way language bridge: Co-constructing bilingual language learning opportunities [J]. *The*

Modern Language Journal, 10, 254 – 277.

Martin-beltran, M. 2011. The two-way language bridge: Co-constructing bilingual language learning opportunities [J]. *The Modern Language Journal*, 94 (2), 254 – 277.

Matsumoto, Y. 2011. Successful ELF communications and implications for ELT: Sequential analysis of ELF pronunciation negotiation strategies [J]. *The Modern Language Journal*, 95, 97 – 114.

McDonough, K. 2004. Learner-learner interaction during pair and small group activities in a Thai EFL context [J]. *System*, 32, 207 – 224.

McDonough, K. 2006. Responses to recasts: Repetitions primed production, and linguistic development [J]. *Language Learning*, 56, 693 – 720.

McDonough, K. & W. Sunitham. 2009. Collaborative dialogue between Thai EFL learners during self-access computer activities [J]. *TESOL Quarterly*, 43 (2): 231 – 254.

McHoul, A. 1990. The organization of repair in classroom talk [J]. *Language in Society*, 19, 349 – 377.

McNamara, T. & C. Roever. 2006. Language testing: The social dimension [J]. *Language Learning*, 56 (supplement 2), 1 – 291.

Melander, N. & F. Sahlstrom. 2009. In tow of the blue whale: Learning as interactional changes in tropical orientation [J]. *Journal of Pragmatics*, (41), 1519 – 1537.

Mercer, N. 1996. The quality of talk in children's collaborative activity in the classroom [J]. *Learning and Instruction*, (6), 359 – 377.

Mercer, N. 2004. Sociocultural discourse analysis: Analysing classroom talk as a social mode of thinking [J]. *Journal of Applied Linguistics*, 1 (2), 137-168.

Mori, Y. 1999. Epistemological beliefs and language learning beliefs: What do language learners believe about their learning? [J]. *Language Learning*, 49 (3), 377-415.

Mori, J. 2002. Task design, plan, and development of task-in-interaction: An analysis of a small group activity in a Japanese language classroom [J]. *Applied Linguistics*, 23 (3), 323-347.

Mori, J. 2004a. Pursuit of understanding: Rethinking "negotiation of meaning" in view of projected action [A]. In R. Gardner & J. Wagner (eds.). *Second Language Conversation* (pp. 157-177) [C]. London: Continuum.

Mori, J. 2004b. Negotiating sequential boundaries and learning opportunities: A case from a Japanese language classroom [J]. *The Modern Language Journal*, 88 (4), 536-550.

Mori, J. & N. Markee. 2009. Language learning, cognition, and interactional practices: An introduction [J]. *IRAL*, 47, 1-9.

Morita, N. 2000. Discourse socialization through oral classroom activities in a TESL graduate program [J]. *TESOL Quarterly*, 34, 279-310.

Morita, N. 2004. Negotiating participation and identity in second language academic communities [J]. *TESOL Quarterly*, 38 (4), 573-603.

Morris, F. 2003. Impact of classroom dynamics on the effectiveness of recasts in second language acquisition [J]. *Language*

Learning, 53 (2), 325 – 368.

Nakahama, Y., Tyler, A. & van Lier. 2001. Negotiation of meaning in conversational and information gap activities: A comparative discourse analysis [J]. *TESOL Quarterly*, 35 (2), 377 – 405.

Nassaji, H. 2011. Immediate learner repair and its relationship with learning targeted forms in dyadic interaction [J]. *System*, 39, 17 – 29.

Naughton D. 2006. Cooperative strategy training and oral interaction: Enhancing small group communication in the language classroom [J]. *The Modern Language Journal*, 90 (2), 169 – 184.

Niemi, K. 2014. "I will send badass viruses." Peer threatsand the interplay of pretend frames in a classroom dispute [J]. *Journal of Pragmatics*, 66: 106 – 121.

Noblit, W. & D. Hare. 1988. *Meta-ethnography: Synthesizing Qualitative Studies* [M]. Newbury Park, CA: Sage.

Norton, B. 2000. *Identity and Language Learning* [M]. New York: Pearson.

Nunan, D. 1993. Task-based syllabus design: Selecting, grading and sequencing tasks [A]. In G. Crookes & S. Gass (eds.). *Tasks in Pedagogical Context: Integrating Theory and Practice* (pp. 55 – 68) [C]. Clevedon, England: Multilingual Matters.

Nunan, D. 2004. *Task-based Language Teaching* [M]. Cambridge, England: Cambridge University Press.

Ochs, E. 1988. *Culture and Language Development: Language Acquisition and Language Socialization in a Samoan Village*

[M]. Cambridge: Cambridge University Press.

Ochs, E. 1996. Linguistic resources for socializing humanity [A]. In J. J. Gumperz & S. C. Levinson (eds.). *Rethinking Linguistic Relativity* (pp. 407 – 437) [C]. Cambridge: Cambridge University Press.

Ochs, E. & B. Schieffelin. 2001. Language Acquisition and Socialization: Three Development Stories and Their Implications [A]. In A. Duranti (eds.). *Linguistic Anthropology: A reader* (pp. 263 – 301) [C]. Malden, MA: Blackwell.

Ohta, A. S. 2001. *Second Language Acquisition Processes in the Classroom: Learning Japanese* [M]. Mahwah, NJ: Lawrence Erlbaum Associates.

Oliver R. 2000. Age differences in negotiation and feedback in classroom and pairwork [J]. *Language Learning*, 50 (1), 119 – 151.

Oliver, R. 2003. Interactional context and feedback in child ESL classrooms [J]. *The Modern Language Journal*, (79), 519 – 533.

Ortega, L. & G. Iberri-Shea. 2005. Longitudinal research in SLA: Recent trends and future directions [J]. *Annual Review of Applied Linguistics*, 25, 26 – 45.

Park, J. 2007. Co-construction of nonnative speaker identity in cross-cultural interaction [J]. *Applied Linguistics*, 28 (3), 339 – 360.

Park, J. 2010. The influence of pretask instructions and pretask planning on focus on form during Korean EFL task-based interaction [J]. *Language Teaching Research*, 14 (1), 9 – 26.

Park, Y. 2014. The roles of third-turn repeats in two L2 classroom interaction contexts [J]. *Applied Linguistics*, 35 (2), 145 – 167.

Pica, T. , Kanagy, R. & J. Falodun. 1993. Choosing and using communication tasks for second language research and instruction [A]. In G. Crookes & G. Gass (eds.). *Tasks and Language Learning: Integrating Theory and Practice* (pp. 9 – 34) [C]. Clevedon, England: Multilingual Matters.

Pica, T. 1994. Research on negotiation: What does it reveal about second-language learning conditions, processes, and outcomes? [J]. *Language Learning*, 44, 493 – 527.

Pica, T. 1996a. Do second language learners need negotiation? [J]. *International Review of Applied Linguistics in Language Teaching*, 34, 1 – 21.

Pica, T. 1996b. The essential role of negotiation in the second language classroom [J]. *ALT Journal*, 78, 241 – 68.

Pica, T. 2000. Research on negotiation: What does it reveal about second language learning conditions, processes, outcomes? [J]. *Language Learning*, 50, 119 – 151.

Piirainen-marsh, A. & L. Tainio. 2009. Other-repetition as a resource for participation in the activity of playing a videogame [J]. *The Modern Language Journal*, 93 (2), 153 – 169.

Pinter, A. 2007. Some benefits of peer-peer interaction: 10-year-old children practicing with a communication task [J]. *Language Teaching Research*, 11 (2), 189 – 207.

Plonsky, L. & S. Gass. 2011. Study quality in interactionist research [J]. *Language Learning*, 62 (2), 325 – 366.

Pomerantz, A. 1978. Compliment reponses: Notes on the co-operation of multiple constraints [A]. In J. Schenkein (ed.).

Studies in the Organization of Conversational Interaction (pp. 57 – 101) [C]. New York: Academic Press.

Pomerantz, A. 1988. Offering a candidate answer [J]. *Communication Monographs*, 55, 360 – 373.

Pomerantz, A. & B. Nancy. 2007. Learning to play, playing to learn: FL learners as multicompetent language users [J]. *Applied Linguistics*, 28 (4), 556 – 578.

Psathas, G. 1995. *Conversation Analysis: The Study of Talk-in-Interaction* [M]. Sage Publications.

Radford, J. 2008. Practices of Other-initiated repair in the classroom of children with specific speech and language difficulties [J]. *Applied Linguistics*, 31, 25 – 44.

Rassaei, E. 2014. Scaffolded feedback, recasts, and L2 development: A sociocultural perspective [J]. *The Modern Language Journal*, 98 (1), 417 – 431.

Reichert, T. & G. Liebscher. 2012. Positioning the expert: Word searches, expertise, and learning opportunities in peer interaction [J]. *The Modern Language Journal*, 96 (4), 599 – 609.

Reiser, J. & A. Garing. 1994. Imagery, action and young children's spatial orientation: It's not being there that counts it's what one has in mind [J]. *Children Development*, 45, 1043 – 1056.

Reigel, D. 2008. Positive feedback in pair work and its association with ESL course level promotion [J]. *TESOL Quarterly*, 42, 79 – 98.

Riddiford, N. & A. Joe. 2010. Tracking the development of sociopragmatic skills [J]. *TESOL Quarterly*, 21 (1), 195 – 203.

Rizzolatti, G. & L. Craighero. 2004. The mirror-neuron system

[J]. *Annual Review of Neuroscience*, 27, 169 – 192.

Robinson, P. 2001. Task complexity, task difficulty, and task production: Exploring interactions in a componential framework [J]. *Applied Linguistics*, 22, 27 – 57.

Robinson, P. 2005. Cognitive complexity and task sequencing: Studies in a componential framework for second language task design [J]. *IRAL*, (43), 1 – 32.

Robinson, P. 2007. Task complexity, theory of mind, and intentional reasoning: Effects on L2 speech production, interaction, uptake and perceptions of task difficulty [J]. *IRAL*, (4), 193 – 213.

Sacks, H., Schegloff, E. & G. Jefferson. 1974. A simplest systematics for the organization of turn-taking for conversation [J]. *Language*, 50, 696 – 735.

Sacks, H. 1992. *Lectures on Conversation* [M]. Oxford: Blackwell.

Sandelowski, M. & J. Barroso. 2007. *Handbook for Synthesizing Qualitative Research* [M]. New York: Spring.

Sato, M. 2013. Beliefs about peer interaction and peer corrective feedback: Efficacy of classroom intervention [J]. *The Modern Language Journal*, 97 (3), 611 – 633.

Sauro, S. & B. Smith. 2010. Investigating L2 performance in text chat [J]. *Applied Linguistics*, 31 (4): 554 – 577.

Schegloff, E. A., Jefferson, G. & H. Sacks. 1977. The preference for self-correction in the organization of repair in conversation [J]. *Language*, 53, 361 – 382.

Schegloff, E. A. 2000. When "others" initiate repair [J]. *Applied Linguistics*, 21, 205 – 243.

Schegloff, E. A. 2007. *Sequence Organization in Interaction: A Primer in Conversation Analysis* [M]. Cambridge: Cambridge University Press.

Schmidt, R. 1990. The role of consciousness in second language learning [J]. *Applied Linguistics*, 11 (2), 129 – 158.

Schmidt, R. 2001. Attention [A]. In P. Robinson (ed.). *Cognition and Second Language Instruction* [C]. Cambridge: Cambridge University Press.

Schmidt, M. 2001. The role of consciousness in second language learning [J]. *Applied Linguistics*, 11 (2), 129 – 155.

Schrimshaw, P. & G. Perkins. 1997. Tinker town: Working together [A]. In R. Wegerif & P. Schrimshaw (eds.). *Computers and Talk in the Primary Classroom* [C]. Clevedon: Multilingual Matters Ltd.

Seedhouse, P. 2004. *The Interactional Architecture of the Language Classroom: A Conversation Analysis Perspective* [M]. Malden, MA: Blackwell.

Seedhouse, P. 2005. "Task" as research construct [J]. *Language Learning*, 55 (3), 533 – 570.

Selinker, L. 1972. Interlanguage [J]. *International Review of Applied Linguistics*, (10), 209 – 231.

Sheen Y. 2008. Recasts, language anxiety, modified output, and L2 learning [J]. *Language Learning*, 58 (6): 835 – 874.

Shehadeh, A. 2001. Self-and other-initiated modified output during task-based interaction [J]. *TESOL Quarterly*, 35: 433 – 457.

Shi, X. 2011. Negotiating power and access to second language resources: A study on short-term Chinese MBA students in

America [J]. *The Modern Language Journal*, 95 (4): 575 -588.

Shin, S. J. 2009. Negotiating grammatical choices: Academic language learning by secondary ESL students [J]. *System*, 37: 391 -402.

Skehan, P. 1996. A framework for the implementation of task-based instruction [J]. *Applied Linguistics*, 17 (1): 38 -62.

Skehan, P. 1998. *A Cognitive Approach to Language Learning* [M]. Oxford: Oxford University Press.

Smith, L. 2005. Cognition as a dynamic system: Principles from embodiment [J]. *Developmental Review*, 25: 278 -298.

Smotrova, T. & J. Lantolf. 2013. The function of gesture in lexically focused L2 instructional conversations [J]. *The Modern Language Journal*, 97 (2): 397 -416.

Storch, N. 2001. How collaborative is pair work? ESL tertiary students composing in pairs [J]. *Language Teaching Research*, 5 (1): 29 -53.

Storch, N. 2002. Pattern of interaction in ESL pair work [J]. *Language Learning*, 52 (1): 119 -158.

Storch, N. 2007. Investigating the merits of pairwork on a text editing task in ESL classes [J]. *Language Teaching Research*, 11: 143 -159.

Swain, M. 1995. Three functions of output in second language learning [A]. In G. Cook & B. Seidlhofer (eds.). *Principles and Practice in Applied Linguistics* (pp. 125 -144) [C]. Oxford: Oxford University Press.

Swain, M. & S. Lapkin. 1998. Interaction and second language learning: Two adolescent French immersion students working together [J]. *The Modern Language Journal*, 82 (3): 320 – 337.

Swain, M. & S. Lapkin. 2000. Task-based second language learning: The uses of the first language [J]. *Language Teaching Research*, (4): 251—274.

Swain, M. 2000. The output hypothesis and beyond: mediating acquisition through collaborative dialogue [A]. In J. Lantolf (ed.). *Sociocultural Theory and Second Language Learning* (pp. 97 – 114) [C]. Oxford: Oxford University Press.

Swain, M. 2001a. Examining dialogue: Another approach to content specification and to validating Integrating drawn from test scores [J]. *Language Testing*, 18: 275 – 302.

Swain, M. 2001b. Integrating language and content teaching through collaborative tasks [J]. *Canadian Modern Language Review*, 5 (58): 44 – 63.

Swain, M. & S. Lapkin. 2002. Talking it through: Two French immersion learners' response to reformulation [J]. *International Journal of Educational Research*, 37: 285 – 304.

Swain, M. 2005. The output hypothesis: Theory and research [A]. In E. Hinkel (ed.). *Handbook of Research in Second Language Teaching and Learning* (pp. 471 – 483) [C]. Mahwah, NJ: Erlbaum.

Tomita, Y. & N. Spada. 2013. Form-focused instruction and learner investment in L2 communication [J]. *The Modern Language Journal*, 97 (3): 591 – 610.

Tarone, E. 2007. Sociolinguistic approaches to second language acquisition research: 1997—2007 [J]. *The Modern Language Journal*, (7): 837 – 848.

Toohey, K. 2001. Disputes in child L2 learning [J]. *TESOL Quarterly*, 35 (2): 257 – 278.

Toth, D. P. 2008. Teacher-and learner-led discourse in task-based grammar instruction: Providing procedural assistance for L2 morphosyntactic development [J]. *Language Learning*, 58 (2): 237 – 283.

Tsui, M. 2001. Classroom interaction [A]. In R. Carter & D. Nunan (eds.). *The Cambridge Guide to Teaching English to Speakers of Other Languages* (pp. 120 – 179) [C]. Cambridge: University Press.

van den Branden, K. 1997. Effects of negotiation on language learners' output [J]. *Language Learning*, 47: 589 – 636.

van Lier, L. & N. Matsuo. 2000. Varieties of conversational experience: Looking for learning opportunies [J]. *Applied Language Learning*, 11 (2): 265 – 287.

van Lier, L. 2002. An ecological-semiotic perspective on language and linguistics [A]. In C. Kramsch (ed.). *Language Acquisition and Language Socialization: Ecological Perspective* (pp. 140 – 164) [C]. London: Continuum.

VanPattern, B. 1996. *Input Processing and Grammar Instruction: Theory and Research*. Norwood, NJ: Ablex.

Varonis, E. & S. Gass. 1985. Non-native/non-native conversations: A model for negotiation of meaning [J]. *Applied Linguistics*, 6: 71 – 90.

Vygotsky, L. S. 1978. *Mind in Society: The Development of Higher Psychological Processes* [M]. Cambridge, MA: Harvard University Press.

Vygotsky, L. S. 1986. *Thought and Language* [M]. Cam-

bridge, MA: MIT Press.
Wang, X. Y. 2014. *A Sociocognitive Study of the Features of Classroom Conversatioanl Negotiations* [D]. Unpublished Doctoral Dissertation, Jinan: Shandong University.
Watson-Gegeo, K. 2004. Mind, language, and epistemology: Toward a language socialization paradigm for SLA [J]. *The Modern Language Journal*, 88 (3): 331–350.
Watanabe, Y. & M. Swain. 2007. Effects of proficiency differences and patterns of pair interaction on second language learning: Collaborative dialogue between adult ESL learners [J]. *Language Teaching Research*, (11): 121–142.
Wheeler, M. 2005. *Reconstructing the Cognitive World* [M]. Cambridge: The MIT Press.
Williams, J. 1999. Learner-generated attention to form [J]. *Language Learning*, 49 (4): 583–625.
Williams, J. 2001. The effectiveness of spontaneous attention to form [J]. *System*, 29 (3): 325–340.
Wortham, S. E. F. 2001. Interactionally situated cognition: A classroom example [J]. *Cognitive Science*, 25 (1): 37–66.
Zappa-Hollman, S. 2007. Academic presentations across post-secondary contexts: the discourse socialization of non-native English speakers [J]. *The Canadian Modern Language Review*, 63 (4): 455–485.
Zeng, G. & S. Takatsuka. 2009. Text-based peer-peer collaborative dialogue in a computer-mediated learning environment in the EFL context [J]. *System* 37 (1): 434–446.
Zhao, H. 2014. Investigating teacher-supported peer assessment for EFL writing [J]. *ELT Journal* 68 (2): 155–168.

Zhao, X. L. 2013. *A Study of Repairs in Learners' Conversational Interactions* [D]. *Master Thesis*, Hunan University of Technology.

Zhao, Y. & J. Bitchener. 2007. Incidental focus on form in teacher-learner and learner-learner interactions [J]. *System* 35 (1): 431–447.

Zheng, C. 2012. Understanding the learning process of peer feedback activity: An ethnographic study of Exploratory Practice [J]. *Language Teaching Research*, 16 (1): 109–126.

Zhu, W. & D. Mitchell. 2012. Participation in peer response as activity: An examination of peer response stances from an activity [J]. *TESOL Quarterly*, 46 (2): 362–386.

曹志希, 王晓丽, 刘伟. 2006. 二语习得的社会认知基础 [J]. 外语教学, 27 (5): 36–39.

陈菊, 熊宜勤. 2007. 论对话教学的交往性特征 [J]. 广西师范大学学报: 哲学社会科学版, (1): 110–113.

陈立平, 李经伟, 赵蔚彬. 2005. 大学生英语口语自我修正性别差异研究 [J]. 现代外语, (8): 279–287.

陈晓湘, 张薇. 2008. 修正后输出对目标语发展的作用 [J]. 外语教学与研究, (4): 279–286.

邓秀娥, 郑新民. 2008. 关于大学英语课堂小组活动有效性的研究 [J]. 外语电化教学, (4): 41–46.

邓鹂鸣, 岑粤. 2010. 同伴互评反馈机制对中国学生二语写作能力发展的功效研究 [J]. 外语教学, 31 (1): 59–63.

董明. 2004. 大学英语课堂"生生互动"模式初探 [J]. 外语与外语教学, (5): 30–33.

归樱. 2004. 从 SLN 看网络课程中互动对学习效果的影响 [J]. 外语电化教学, (1): 50–54.

高瑛. 2009. 认知与社会文化视域下的课堂互动话语研究述评 [J]. 外语教学理论与实践, (4): 76–83.

李异飞. 2014. 我国外语教学课堂互动研究回顾及发展趋势分析 [J]. 外语界, (4): 47–53.

李晶洁. 2002. 教师作为辅助者在外语课堂语言互动中的作用 [J]. 外语界, (1): 67–71.

梁文霞. 2007. 英语课堂学生小组对话中的话语共建 [J]. 解放军外国语学院学报, (30): 42–46.

梁文霞, 朱立霞. 2007. 国外二语课堂实证研究20年述评 [J]. 外语界, (5): 58–67.

刘东楼, 王祥德. 2013. 二语习得的社会认知视角 [J]. 当代外语研究, 27 (4): 27–32.

刘姬. 2009. Atkinson 的二语习得社会认知视角及其启示 [J]. 广西师范大学学报: 哲学社会科学版, 45 (1): 89–93.

刘家荣. 2004. 英语口语课堂话语的调查与分析 [J]. 外语教学与研究, (4): 285–290.

刘永兵, 张会平. 2011. 社会认知主义视域下的外语教学与传统外语教学的关系思考与定位 [J]. 中国外语, 8 (4): 19–25.

马冬梅. 2002. 英语教学中小组口语活动后的学生自我纠错 [J]. 外语教学与研究, (34): 131–135.

庞继贤, 吴薇薇. 2000. 英语课堂小组活动实证研究 [J]. 外语教学与研究, (6): 424–430.

王瑾, 黄国文, 吕黛蓉. 2004. 从会话分析的角度研究语码转换 [J]. 外语教学, (4): 1–5.

王力媛. 2013. 中英商科学生课堂小组讨论方式对比研究——跨文化交际视角 [J]. 外语教学与研究, (3): 593–603.

汪清, 谢元花. 2011. 外语环境下任务类型、水平配对与意义协商研究 [J]. 现代外语, (1): 75-82.

汪清. 2011. 意义协商中的语言输出研究 [J]. 外语与外语教学, (2): 43-47.

王晓燕. 2007. 会话修补模式特征研究——基于PETS2为研究个案 [J]. 外语与外语教学, (5): 42-46.

王晓燕, 王俊菊. 2012. 同伴互动语码转换研究研究——基于英语学习者口语互动语料 [J]. 解放军外国语学院学报, (3): 85-88.

王晓燕, 王俊菊. 2014. 外语环境下同伴他启修正研究 [J]. 现代外语, (2): 210-221.

王晓燕. 2014b. 社会认知视域下的课堂会话协商特征研究. 未发表的博士论文, 山东大学.

王宇. 2005. 影响外语课堂言语互动的隐性因素——面子 [J]. 外语学刊, (6): 76-78.

文秋芳. 2001. 应用语言学研究方法与论文写作(英文版). 北京: 外语教学与研究出版社.

夏志华, 穆凤英. 2008. 英语学习者话轮转换过程中边界调的使用风险 [J]. 解放军外国语学院学报, (1): 49-54.

许家金, 许宗瑞. 2007. 中国大学生英语口语中的互动话语词块研究 [J]. 外语教学与研究, (6): 437-443.

徐锦芬, 曹忠凯. 2010. 国内外外语/二语课堂互动研究 [J]. 外语界, (3): 51-59.

徐锦芬, 寇金南. 2011. 大学英语课堂小组互动策略培训实验研究 [J]. 外语教学与研究, (1): 84-95.

杨党玲, 李民权. 2004. 对输入理论的探讨——输入、互动与二语习得之关系 [J]. 外语界, (1): 69-73.

杨柳群. 2002. 英语水平对英语学生口误自我修正行为的影响

[J]. 山东外语教学, (4): 74-76.

张萱. 2010. 英语学习者对子口语互动的形式磋商研究 [J]. 解放军外国语学院学报, (1): 55-60.

张凤娟, 刘永兵. 2012. 社会认知主义视角对二语习得研究的启示 [J]. 东北师范大学学报, (3): 126-129.

赵晨. 2004. 基于语料库的英语课堂会话中的修正片段研究 [J]. 现代外语, (4): 402-409.